Pater Florian Prinz von Bayern
Christian Weisenborn

Weil es etwas Größeres gibt

Das Buch

Geboren wurde er als Franz-Josef Prinz von Bayern. Heute ist er Pater Florian, Missionsbenediktiner im Norden Kenias. Dieses Buch erzählt die außergewöhnliche Geschichte eines außergewöhnlichen Menschen, der als junger Mann einen radikalen Schritt unternimmt und aus der Welt des Adels und der festen Rollenzuschreibungen aufbricht – um sein wahres Glück als Ordensmann und Missionar in der Weite Afrikas zu finden. Ein beeindruckendes Zeugnis vom Mut zum Aufbruch und vom Weg zu sich selbst.

Die Autoren

Pater Florian, geb. 1958 als Franz-Josef Prinz von Bayern und Urenkel des letzten bayerischen Königs Ludwig III., ist seit mehr als 25 Jahren als Benediktiner in der Seelsorge und Entwicklungshilfe im Norden Kenias an der Grenze zu Äthiopien tätig.

Christian Weisenborn hat einen Dokumentarfilm über Pater Florian für das Bayerische Fernsehen gedreht. Zu den Dreharbeiten und für dieses Buch ist er zweimal zu Pater Florian nach Kenia gereist und hat ihn auch im Kreis seiner Familie in Oberbayern besucht.

Pater Florian
Prinz von Bayern

Weil es etwas Größeres gibt

Mein Leben in Afrika

Aufgezeichnet von Christian Weisenborn

HERDER

FREIBURG · BASEL · WIEN

HERDER spektrum Band 6951

MIX
Papier aus verantwortungsvollen Quellen
FSC® C083411

Neuausgabe 2017

© Verlag Herder GmbH, Freiburg im Breisgau 2010
Alle Rechte vorbehalten
www.herder.de

Umschlaggestaltung: wunderlichundweigand, Stefan Weigand
Umschlagmotiv: © Christian Weisenborn
Bilder im Innenteil: 13, 17, 23, 42, 116, 91a, 91b, 92b, 93a, 93b, 94a: privat
92a: © Andrea Göppel
31: © Stefan Weigand
Alle weiteren: © Christian Weisenborn

Satz: pagina GmbH, Tübingen
Herstellung: CPI books GmbH, Leck

Printed in Germany

ISBN 978-3-451-06951-2

INHALT

Vorwort – Beständigkeit zu Hause in Illeret 7

Aufbrüche, Stolpersteine 9

Weichen stellen 21

Hinausgehen nach Afrika 37

Illeret 51

Mobilität und Entwicklung 69

Konflikte 81

Haushalten 99

Missionsleben 113

Gottvertrauen 127

Projekte lassen sich genauso wenig abschließen
wie das Leben 139

Fortschritte sind sichtbar 159

   Ein Gespräch im Familienkreis 170
   Lebensdaten 185

Vorwort – Beständigkeit zu Hause in Illeret

Als ich Anfang der 1990er Jahre hier ankam, stand noch nichts bis auf ein Haus, dessen Inneres nicht mehr Platz bot als ein Zimmer. Vieles war anzupacken, und ich habe auch immer noch alle Hände voll zu tun.

Gerade erst gestern, auf dem Weg von Nairobi hierher, das sind gut 800 Kilometer, ist wieder einmal unser Lastwagen kaputtgegangen – die Straßen sind in einem beklagenswert schlechten Zustand, auf sie werde ich noch oft zu sprechen kommen. Jetzt steht er in der missionseigenen Werkstatt, wo die Mechaniker ihn hoffentlich wieder richten werden. Bevor das nicht gemacht ist, können wir kein neues Baumaterial holen und keine Lebensmittel, es sei denn, wir mieten eines der wenigen Autos hier am Ort.

Im unteren Teil des Missionsgeländes müsste der aus Büschen gewachsene Zaun erneuert werden, damit die Ziegen nicht eindringen und alles Grün abfressen, das ihnen vor die Nase kommt. Die Menschen haben auch noch nicht gelernt, Zäune – wie beispielsweise den um das Gelände der Ziegen – zu respektieren. Sie leben weiterhin von der Hand in den Mund und nur 50% der Kinder im Ort gehen zur Schule. Auch die Kirche müsste erweitert oder ganz neu gebaut werden, sie ist einfach zu klein geworden inzwischen.

Wenn ich all diese Baustellen sehe, denke ich oft: „Was habe ich eigentlich in all den Jahren getan? Gibt es denn gar keine Entwicklung?" Doch, die gibt es. Diese Entwicklung verlangt aber nach guter Planung und viel Willen zum Durchhalten. Seit ich damals hier angekommen bin, hat sich sehr viel getan, es sind einige Mitbrüder hinzugekommen und die Mission wächst langsam, aber stetig - „bole, bole", wie die Leute hier sagen.

Zum Beispiel an Bauten ist Illeret sehr gewachsen, sowohl die Mission als auch der Ort selbst. Die Kinder wollen in die Schule. Leider können sich die Eltern die Schuluniform, Schuhe und Examensgebühr oft nicht für alle leisten. Es ist hart, die Misere immer vor Augen zu haben und „nichts" daran ändern zu können. Doch das stimmt nicht ganz. Wir können etwas ändern, aber erst in der zweiten oder dritten Generation, und nur, wenn wir jetzt in der ersten Generation am Ball bleiben. Man sieht: Entwicklung geschieht nicht in Jahren, sondern in Generationen.

Wir müssen uns damit „abfinden", dass wir nur ein Baustein im Masterplan Gottes sind. Doch das ist unsere Berufung; das gilt nicht nur für mich hier in Illeret, sondern für jeden Menschen, der an Gottes großartigem Schöpfungsplan mitarbeiten will. Das heißt einfach, dass wir unsere Grenzen akzeptieren müssen, aber auch, dass wir die Gewissheit haben, dass Gott sich um das Weitere kümmern wird. Beschränktheit heißt nicht Unfähigkeit, sondern dass wir nur sehr klein sind vor Gott. Trotzdem will er unsere Mitarbeit, jetzt und hier, jeder auf seinem Platz.

St. Benedikt – Leben in Fülle

Angewidert von dem verkommenen Lebensstil in Rom,
und unerfüllt von der Suche nach reinem Wissen im Studium, verlässt Benedikt die ewige Stadt
und zieht in die Einsamkeit der Berge von Subiaco.
Dort fand er nicht Wissen sondern Weisheit,
nicht Besitz sondern Reichtum,
nicht Vergnügen sondern Freude,
in der Einsamkeit der Höhle von Subiaco fand er die Nähe zu Gott und durch sie die Nähe zu den Menschen.
Was er fand ist das Leben, „das Leben in Fülle"
das Christus seinen Aposteln verheissen hat.

Pater Florian OSB

AUFBRÜCHE, STOLPERSTEINE

Die Nähe zur Kirche

Leutstetten, mein Heimatort – ich denke gern an ihn zurück. Nördlich des Starnberger Sees in Oberbayern gelegen, ist es der Ort, an dem ich aufgewachsen bin, an dem meine Familie lebt, ihr Zentrum hat. Zugleich ist es der Ort, an dem mir meine Berufung in die Wiege gelegt wurde, von dem aus ich mich in die Ferne sehnte, um dieser Berufung nachzugehen.

Wir Kinder kamen zeitlich kurz nacheinander auf die Welt, sieben Geschwister innerhalb von acht Jahren. Ich bin der Zweitälteste unter den Geschwistern, 1957 geboren. Meine Schwester, Marie-Therese, ist ein Jahr älter als ich, und zwischen mir und der jüngeren Schwester Lisa sind eineinhalb Jahre Unterschied.

Natürlich gab es Streitereien unter uns Geschwistern, das ist normal. Aber so etwas wie „Gruppierungen" unter uns Geschwistern gab es nicht, im Gegenteil, wir hatten einen starken Zusammenhalt, der sich besonders dann bewies, wenn jemand von außen versuchte, uns auseinanderzubringen. Dann waren wir eine verschworene Gemeinschaft.

Für uns alle ist die Nähe zur Kirche immer Teil unseres Lebens gewesen. Zu Hause ging es nicht übermäßig religiös zu, jedoch ist die Familie tief verwurzelt in der Kirche. Das Gebet und der gemeinsame Besuch des Gottesdienstes hatten ihren festen Sitz im Familienleben. Die Religion hat den Alltag bestimmt, und das hat uns Kinder geprägt. Für jeden von uns gab es Phasen, in denen man sich gegen manches gewehrt und auch den Glauben an sich einmal in Frage gestellt hat – wie es zum Heranwachsen und Erwachsenwerden dazugehört. Aber der Glaube, die Kirche bildete stets eine Konstante in unserem Familienleben.

Entscheidende Begegnungen

Wie jemand aber schon als Kind, das auf dem oberbayerischen Land heranwächst, zu dem Entschluss kommt, als Missionar in die Welt hinaus zu gehen, das kann man sich natürlich schon fragen.

Dazu beigetragen haben wichtige Begegnungen, die mich früh prägten. Ich denke zurück an meinen Heimatort und die Gottesdienste dort, und an meine Anfangszeit als Ministrant, in der Volksschule, eigentlich noch vor meiner Einschulung. Wir hatten einen guten Kaplan, den wir sehr mochten. Von uns Kindern im Ort – wir waren nicht viele, aber die Anzahl reichte für eine einklassige Schule mit insgesamt 21 Schülern, von der ersten bis zur achten Klasse – fanden einige Freude am Ministrieren, so auch ich. Genau kann ich es nicht sagen, aber vielleicht habe ich schon damals so etwas wie meine Berufung erfahren.

Ich erinnere mich noch gut an einige Begegnungen mit einem Missionar, der öfter bei meinen Großeltern in Wallsee zu Besuch war. Er stammte aus der Heimatpfarrei meiner Mutter, und wenn er im Salon meiner Großeltern saß und von seiner Arbeit in Papua-Neuguinea erzählte, spielte ich mit Vorliebe in seiner Nähe, um die Geschichten mithören zu können. Von Fremde, von Weite, vom Aufbruch in die Ferne, um sinnvolle Arbeit zu leisten, war darin die Rede. Die Erzählungen dieses Missionars haben mich stark beeinflusst.

Hinzu kamen Bücher. Die Romane und Erzählungen von Antoine Saint-Exupéry habe ich sehr geschätzt, und zwar weniger den „Kleinen Prinzen" als die Prosa, die von Fliegern handeln, in denen es um Technik geht, die Schilderungen von spannenden Erlebnissen und Abenteuern. Vor allem seine feine Beobachtungsgabe für Menschen und seine Art, sie so genau und einfühlsam zu beschreiben, haben mich beeindruckt. „Der Kleine Prinz" mag das in kleiner Form widerspiegeln, sein wichtigstes Werk für mich ist jedoch „Die Zitadelle". Das sind kleinere Geschichten, in denen er seine Erlebnisse in der Wüste, in der Sahara verarbeitet hat. Obwohl er selbst mehrfach mit dem Flieger abstürzte, schreibt er nicht darüber, sondern über die Abstürze anderer Piloten. Die Zitadellen lagen entlang der Küste von Marokko, das aus zahlreichen kleinen Fürstentümern zusammengesetzt war, ähnlich dem alten deutschen Reich. Verfehlte ein Flieger sein Ziel, was oft vorkam, musste er notlanden und darauf hoffen, gefunden zu werden. Den freundschaftlichen Kontakt zu den nomadischen Tuareg zu pflegen war dabei lebenswichtig, denn jeder Flieger war als Soldat auch Repräsentant Frankreichs, also der Kolonialmacht. Überall nämlich nahmen die Kleinherrscher Einfluss, die sich untereinander bekriegten, sich verbündeten, mal gegen, mal mit der Kolonialmacht – das beschreibt Saint-Exupéry in einer wunderschönen Art, und dabei immer bestrebt, zwischen den Fronten zu vermitteln, Verständnis zu wecken. Aus der Lektüre dieser Erzählungen habe ich viel über Zwischenmenschliches, über diplomatische Konfliktlösungen gelernt.

Als ich älter wurde, kam ich auf ein Internat, das von Missionaren aus dem Benediktinerkloster St. Ottilien geleitet wurde. Die Wahl war nicht zufällig auf diese Schule gefallen, ich hatte damals schon den festen Wunsch geäußert, Missionar werden zu wollen, und da lag es nahe, St. Ottilien und die dortige Gemeinschaft der Missionsbenediktiner auszuwählen.

Einer der Mönche war besonders prägend für mich: Pater Johannes. Er war *der* Mensch, der mich auf meinem Werdegang zum Missionar begleitet hat, bis er selbst nach Afrika ausgesandt wurde und noch darüber hinaus. In Tigoni/Nairobi gehörte er der Gründungsgemeinschaft an.

Ich besuchte ihn zweimal, einmal im Jahr seines Weggangs 1978, und ein zweites Mal drei Jahre später: Ein großer, stattlicher Mann, dunkelhaarig, mit einer dicken Brille. Einer, der gern selbst mit anpackt und viel zu viele Ideen hat, um sie alle umsetzen zu können, aber voller Tatkraft und Begeisterungsfähigkeit, wenn auch mitunter über das realistische Maß hinausgehend. Immer wieder aufs Neue hat er uns ermuntert, Ideen auszuspinnen, weiterzudenken, in die Tat umzusetzen, mit ihm gemeinsam, mit anderen. Durch ihn lernten wir, an uns selbst zu glauben.

Beispielsweise haben wir, das war noch zu Schulzeiten in Dillingen, wir waren in der 8. oder 9. Klasse, eine Garage, die auf dem Nachbargrundstück unserer Schule stand, gemeinsam zur Hauskapelle ausgebaut. Wir machten alles selbst, zogen Wände hoch, rissen Tore heraus. An der Einfahrt zum Kolleg gab es eine Mauer, die abgerissen werden musste, und jeder, der etwas ausgefressen hatte, musste dort mit anpacken, als eine Art Strafarbeit und

Im Alter von 7 Jahren auf der Schulbank (links in der vorderen Reihe)

um seinen Zorn loszuwerden (woher auch der Name der Mauer rührt, „Klagemauer"). Aber immer stand Pater Johannes im Hintergrund, wenn er nicht selbst mit anpackte, uns die Liebe zur Arbeit nahebrachte, zum handwerklichen Tun.

Im Kolleg in Dillingen waren wir ungefähr siebzig Schüler in den verschiedenen Altersstufen. Nachdem ich mich eineinhalb Jahre in einem Vorbereitungskurs für die Aufnahme ins Gymnasium im Fach Deutsch mit der Rechtschreibung abgemüht hatte – ein Problem, das erst viel später als Legasthenie erkannt werden sollte –, zogen meine Eltern die Konsequenzen und schickten mich auf die Munich International School am Starnberger See.

Der Übergang war schwierig, denn Englisch kam für mich als Fach hinzu und die Unterrichtssprache war ebenfalls Englisch. Zunächst schien meine Lage ziemlich aussichtslos, aber dann entwickelte sich die Sache doch recht gut. Im Grunde genommen wie mein gesamter Schulweg: Erst holperte es und war sehr mühselig, aber irgendwie klappte es dann doch. Das ist und bleibt eine Grunderfahrung in meinem Leben. Aber der Ehrlichkeit halber muss ich sagen: Richtig glücklich war ich in der Schule nie.

Als Legastheniker, also als jemand, der eine Lese-Rechtschreib-Schwäche hat, sieht man zum Beispiel Buchstaben seitenverkehrt, verwechselt sie, man verdreht Silben, das kann ganz verschieden sein. Auch heute noch, wenn ich etwas geschrieben habe, muss ich jeden Satz und jedes Wort sorgfältig ansehen, bevor ich es aus der Hand gebe. Aber es stört mich inzwischen nicht mehr besonders. Dass ich, wenn möglich, lieber auf Englisch als auf Deutsch schreibe, hat einen ganz einfachen Grund: Auf meinem Computer in der kenianischen Missionsstation zeigt ein Rechtschreibprogramm mir Fehler an und ich kann sie korrigieren. Eine wertvolle Hilfe.

Die schwere Schulzeit – eine Prüfung Gottes?

Florians Mutter erzählt:

Als er 14 oder 15 war, kam Franz-Josef einmal zu mir und sagte, er wolle aus der Internationalen Schule weg. Darüber war ich regelrecht erschrocken, denn endlich einmal konnte man den Eindruck haben, dass es schulisch ganz gut lief, und dann äußerte er so etwas. Andererseits waren wir zu der Zeit in einer finanziell recht prekären Lage, konnten uns eigentlich die Schule gar nicht leisten. Ich fragte ihn also erst einmal rundheraus nach seinen Beweggründen. Als Antwort kam von ihm: „In dieser Schule werde ich nie einen wirklichen Freund finden." Ich war bestürzt, wusste ich doch genau, dass ihn alle auf der Schule sehr gern hatten, dass er mit allen gut zurecht kam. Ja, sagte er, zurechtkomme er mit allen, aber einen wirklichen Freund werde er dort nicht finden, denn er sei weltanschaulich von seinen Mitschülern zu verschieden, sie seien zu materialistisch eingestellt, das sei ihm auf Dauer unerträglich. Und das von einem 14- oder 15jährigen, das war für mich unglaublich.

Als wir uns schließlich entschieden hatten, seinem Wunsch nachzugeben und ihn auf ein „normales" Gymnasium zu schicken, haben sie dort nur gelacht. Ähnlich auf der Mittelschule, die man heute ja Realschule nennt: Sie waren tatsächlich so kleinkariert, von ihm Aufnahmeprüfungen in sämtlichen Fächern zu verlangen. Dabei hatten sie zum Teil ganz andere Fächer als Franz-Josef sie vorher belegt hatte. Mein Vorschlag, ihn dann eben eine Klasse zurückzustufen, stieß auf taube Ohren, sie beharrten auf ihre Aufnahmeprüfungen. Das schien uns alles so unnötig und weltfremd, dass wir von dieser Schule Abstand genommen haben.

Eine große Hilfe in dieser Angelegenheit war Pater Johannes, Benediktinerpater, Leiter des Internats der Benediktiner in Dillingen und in Erziehungsfragen ein wahres Naturtalent. Immer, wenn ich fast daran verzweifeln wollte, dass die schulischen Leistungen meiner Kinder nicht entsprechend waren, beruhigte er mich mit den Worten: „Bedenken Sie, Schule ist nur eine kurze Zeit im Leben, sie ist nicht das Wichtigste."

Natürlich, diese ewigen schulischen Misserfolge, die damit einhergehende Ungewissheit, was beruflich werden soll, das hat Franz-Josef oft zu schaffen gemacht.

Einmal sollte eine Prüfung stattfinden, im Fach Deutsch, das war immer schlecht. Er wollte an dem Tag in die Messe gehen, noch vor Schulbeginn, und konnte nicht mit dem Rad zur Schule fahren, weil es zeitlich zu knapp geworden wäre. Ich war gerade dabei, das Rad ins Auto zu laden, da fiel mir auf, dass er wirklich Angst hatte vor dieser Prüfung, und ich sagte zu ihm: „Weißt du, ich glaube, diese ständigen Schulschwierigkeiten sind einfach eine Probe, die der liebe Gott Dir schickt, um Deine Berufung zu prüfen." Da schaute er mich an und sagte nur: „Mami, das weiß ich doch schon längst."

Diesen inneren Konflikt, diese Belastung, die durch die ganzen Unwägbarkeiten zustande kam, das hatte er die ganze Zeit schon mit sich selbst ausgehandelt. Und nachdem er die neunte Klasse der Hauptschule durchlaufen hatte, hat er schließlich doch noch einen qualifizierenden Abschluss erreicht.

Der kluge Rat, Franz-Josef die Kindergarten- und Erzieherprüfung hier in Starnberg machen zu lassen, kam von Pater Johannes. Im Zuge der Gleichberechtigung mussten sie in Starnberg auch Buben in den Ausbildungsgang aufnehmen, das wusste der Pater. Damit hatte Franz-Josef am Ende einen Berufsabschluss in der Tasche, mit dem er auf das Sozialpädagogische Aufbaugymnasium in Weilheim gehen konnte, mittlerweile 18 Jahre alt. Dort aber, in Weilheim, wuchs sich seine Lese-Rechtschreib-Schwäche wieder zu einem alles beherrschenden Problem aus. Sein Cousin Luitpold, acht Jahre älter, erzählte von einem Studienfreund, der auch Legastheniker war. Dessen Vater war als Arzt und Psychotherapeut in Überlingen am Bodensee tätig und

Gemeinsam durch dick und dünn: Florian (hinten links) im Kreis seiner Geschwister

hatte seinen Sohn durch Vorlage eines ärztlich-psychologischen Attests von der Rechtschreibung „befreit", das heißt, sie wurde in die schulischen Bewertungen nicht mit einbezogen. Zu diesem Arzt nahmen wir Kontakt auf und fuhren mit Franz-Josef hin. Er unterhielt sich eine ganze Weile mit unserm Buben und stellte ihm schließlich das Attest aus.

Doch als er das Attest in Weilheim im Schulsekretariat vorlegte, kam als Antwort bloß: Das kommt ja aus Überlingen, das ist doch ein anderes Bundesland, nämlich Baden-Württemberg, das geht uns nichts an, wir sind in Bayern. Und außerdem: „Legasthenie", was soll denn das sein? Der Schularzt wurde eingeschaltet, erklärte ebenfalls das Attest für nichtig, da es kein bayrisches Siegel trug, und auch er konnte sich auf die Diagnose „Legasthenie" keinen Reim machen. Kaum zu fassen, aber er schickte den Buben in die Psychiatrie. Dort saß er dann, aber man wusste nichts mit ihm anzufangen, denn es fehlte ihm ja nichts. Aus diesem Grund behielten sie ihn auch nicht lange dort.

Der lange Atem – Durchhalten ist alles

Was ich wirklich gelernt habe, ist durchzuhalten, weiterzumachen: Irgendwann kommt man auf einen grünen Zweig. Oftmals auf langen Umwegen – aber es geht.

Weil das Schreiben in meiner Schulzeit sich zu einer solchen Belastung auswuchs, suchte ich woanders mein Glück und fand es im Handwerklichen. Als Kind war ich hocherfreut, als ich einen Märklin-Baukasten geschenkt bekam, versehen mit Schrauben, Platten, Stangen, aus denen ich Maschinen und Gerätschaften bauen konnte. Das lag mir sehr und kam mir und meinen Geschwistern, die wir viel mit dem Fahrrad unterwegs waren und darauf auch den Schulweg zurücklegten, zugute: So konnte ich schon früh sehr viel selbst reparieren und ausbessern. Die Mechanik allgemein war immer mein Hobby, und das nützt mir nun bei der Arbeit, Tag für Tag.

Als Kind und Jugendlicher war ich nicht stark im herkömmlichen Sinne, auch war ich nicht athletisch gebaut – aber ich habe mich nie unterkriegen lassen, ich war zäh. Nie wäre es mir eingefallen, in einer Rauferei aufzugeben, auch wenn ich mit den körperlichen Kräften schnell am Ende war, ich habe auf Zeit gespielt und durchgehalten, bis die anderen abgelassen haben, einfach, weil es ihnen zu langweilig wurde. Ich konnte immer weitermachen, auch im Sport.

Meine bevorzugte Sportart in der Schule war *Cross Country*, das ist Marathon, Langstreckenlauf, gerne auch querfeldein. Kurzstrecke lag mir einfach nicht, es waren die weiten Strecken, die mich reizten, die weiteren Dimensionen, der lange Atem, den man dafür braucht, Durchhalten, Ausdauer beweisen.

Ein Mitbruder in Illeret sagte einmal: „Bruder Florian kann auch drei Tage lang leben und arbeiten ohne zu essen. Ihm ist es gleich, ob es etwas zu essen gibt oder nicht, es stört ihn nicht im Geringsten."

Daran, jemals ohne Essen gewesen zu sein, kann ich mich gar nicht erinnern, und ich kann nur sagen, dass es mich durchaus stören würde, nichts zu essen zu haben. Hier habe ich nicht mehr und nicht weniger als die Leute, die hier leben, und das ist manchmal sehr einfach. Ich komme damit aus, es reicht mir zum Leben, auch, wenn es oft karg ist, vor allem, wenn ich mit den Nomaden draußen bin. Aber auch ich kenne meine Grenzen und habe sie schon zu spüren bekommen.

Und da sind sie wieder, die langen Strecken, die ich schon in meiner Schulzeit zurückzulegen hatte, und mit ihnen der Willen durchzuhalten. Das habe ich wirklich gelernt: durchhalten, auch wenn die Aussichten alles andere als rosig sind, weitermachen – irgendwann kommt man schon auf einen grünen Zweig, wenn auch auf Umwegen und bisweilen verschlungenen Pfaden, aber es geht irgendwie. Aufgeben wäre, wie auf einem toten Gleis zu landen, von dort aus kommt man nicht weiter.

Genauso ist es mit unseren Lastwagenfahrten über die weiten Strecken über Land. Selbst wenn man fünf, zehn Mal liegen bleibt, irgendwann kommt man ans Ziel. Durchhalten ist alles, Hilfe findet sich von allein, man muss nur am Ball bleiben und weitermachen, darum geht es.

In der Entwicklungshilfe ist es ähnlich. Solange man nur den reichen Onkel spielt, der den Geldbeutel aufmacht und zahlt, kann sich nichts entwickeln, das ist nur aufgestülpt und hingestellt. Sobald die Finanzierung wegfällt, fällt das gesamte Projekt in sich zusammen. Aber wenn man es von Grund auf anschiebt, den Menschen Zeit gibt, damit umzugehen, daran zu wachsen, auch wenn es Durststrecken zu überwinden gilt, dann kann etwas Solides daraus werden. Die Menschen brauchen Gelegenheit und Bestärkung darin, zu wachsen – in persönlicher Hinsicht, in wirtschaftlicher, in religiöser, in menschlicher Hinsicht.

WEICHEN STELLEN

Die Entscheidung fiel schon in der Kindheit

Wann ich die Weichen für meinen späteren Lebensweg gestellt habe? Ich glaube, sie wurden bereits in meiner Kindheit gestellt, beim Ministrantendienst in der Leutstettener Heimatkirche. Das Gefühl, mit dem Glauben „am richtigen Ort" zu sein, unabhängig von meinem jeweiligen Aufenthaltsort, war immer da. Wäre dem nicht so gewesen, hätte ich die Schule viel früher an den Nagel gehängt, weil es dort immer Schwierigkeiten gab. Dann wäre ich entweder in der Landwirtschaft geblieben oder hätte einen Beruf im technischen Bereich ergriffen.

Für meine Geschwister war meine Entscheidung, Missionar werden zu wollen, weder etwas Weltfremdes noch etwas Ungewöhnliches. Alles, was mit Kirche zu tun hatte, war Teil unseres Alltagslebens, das hat man gelebt, es war einfach so. Meine Familie hat mich in meinem Entschluss unterstützt. In der Schule sah es anders aus, bisweilen bin ich aufgezogen worden damit, es hat mich oft gestört, die ständigen Anspielungen von Mitschülern und sogar Leh-

---

Der Urgroßvater von Pater Florian: Ludwig III. von Bayern (1845–1918), ältester Sohn des Prinzregenten Luitpold und der Prinzessin Auguste Ferdinande von Habsburg-Toskana, war der letzte der bayerischen Könige. Mit seiner unblutigen Absetzung im Jahre 1918 endete die Herrschaft des Geschlechts der Wittelsbacher, die 738 Jahre gewährt hatte. 1875 kaufte er das Schloss Leutstetten, um daraus ein landwirtschaftliches Mustergut zu machen; er blieb auch Landwirt, nachdem er 1913 zum König von Bayern ausgerufen worden war. Sein Regierungsstil, soweit er sich beurteilen lässt, denn in die Zeit seiner Regentschaft fielen Krieg und Revolution, war stark konservativ und an Rom orientiert. Dem Militärischen war er, der im Krieg gegen Preußen verwundet worden war, eher abgeneigt. ▶

rern, auch auf meine adelige Herkunft. Damit muss man umgehen lernen, es ist nicht böswillig gemeint, man übergeht solche Dinge oder kontert schlagfertig, wenn es möglich ist.

Unter unseren Vorfahren gab es gute und schlechte Herrscher und Politiker. Ludwig II. zum Beispiel, der oft glorifiziert wird und in einer Art Märchenwelt lebte, politisch wie wirtschaftlich aber kaum etwas vollbrachte, im Vergleich zu Ludwig I., der Mäzen der Kunst war und auch die Mission förderte, so zum Beispiel den nach ihm benannten Missionsverein ins Leben rief. Oder etwa Ludwig III., mein Urgroßvater, der sogenannte „Millibauer", dessen Leidenschaft auch nach der Thronbesteigung die Landwirtschaft war und dessen Herz für die bäuerliche Bevölkerung schlug.

Vielleicht muss man es so deutlich sagen: Ludwig II. war politisch und wirtschaftlich nicht sehr erfolgreich, schließlich haben seine Bauprojekte und Märchenschlösser die Staatskasse ruiniert. Allerdings, das muss man ihm zugute halten, auf lange Sicht auch restauriert. Der Tourismus lebt zu einem großen Teil bis heute von ihm und seinen Stein gewordenen Träumen.

Bilder aus der Vergangenheit

Sicherlich, als Kinder adeliger Herkunft haben wir uns in der Schule mit der bayerischen Geschichte anders auseinandergesetzt als die übrigen Schüler. Bei uns zu Hause hingen und hängen sie ja bis heute, die Bilder, die Gemälde, die von jeher Fragen aufwarfen wie „Wer ist dieser, wer ist jener, zu welchem Anlass wurde das Bild gemalt?" Das war nicht ein Lernen für den Geschichtsunterricht, sondern, zumindest in Teilen, Familiengeschichte, lebendige Geschichte, in der man zu Hause war. Der Geschichtsunterricht in der Schule war dagegen eine regelrechte Bürde, nicht, weil ich das Fach an sich nicht mochte, aber wenn der Unterricht immer auf Daten und Fakten ausgerichtet ist und man sich schwertut, sich Daten und Jahreszahlen zu merken, so wie ich, da fällt es nicht leicht, sich die Freude am Lernen über Geschichte zu erhalten.

Geschichte dennoch zu lieben hat mich mein Großvater mütterlicherseits gelehrt, Erzherzog Theodor Salvator von Habsburg, wahrhaftig ein wandelndes Geschichtsbuch. Was ich an Geschichtswissen habe, kommt zu achtzig Prozent von ihm.

Genau wie ich konnte auch er sich keine Daten und Jahreszahlen merken, dafür aber bestimmte Ereignisse in ihren Verknüpfungen und Zusammenhängen. So konnte er mir die Hintergründe darlegen, Ursachen beleuchten, mir plastisch vor Augen führen, welche Tiefendimensionen für unsere Welt, unser Leben heute in der Geschichte zu finden sind. Schließlich kam ich durch einen gemeinsamen Ausflug mit meinem Großvater zu meinem Ordensnamen, Florian.

Wer in ein Benediktinerkloster eintritt, legt seinen weltlichen Namen ab und erhält einen Klosternamen. In St. Ottilien darf man dem Abt, der als Vorsteher der Gemeinschaft die Auswahl trifft, drei Namen vorschlagen. Es sollen allesamt Namen sein, die in der Klostergemeinschaft sonst noch keiner trägt.

Vor meinem Ordenseintritt fuhr ich mit meinem Großvater nach Lorch in Österreich, ein Ort, der bekannt ist für das dortige nach dem heiligen Florian benannte Kloster.

Es war im Jahre 304 nach Christus, in der Zeit der Christenverfolgung, Florian war römischer Offizier unter Kaiser Diokletian, auf Bildern und in Statuen wird er immer als Soldat dargestellt, vielleicht war er aber auch Beamter. Er war zum Christentum konvertiert und weigerte sich der Legende nach, den römischen Göttern zu opfern. Man nahm ihn gefangen, zusammen mit einer Schar weiterer Christen, die aus demselben Grund wie er bestraft werden sollten. Er nahm sie in Schutz, verteidigte sie, weil er dachte, er könne Einfluss nehmen. Doch schließlich wurde er genau wie sie zum Tode verurteilt. Das geschah alles in der Nähe von Wallsee, in nächster Nachbarschaft von Lorch.

Man hängte Florian einen Mühlstein um den Hals und warf ihn in die Enns, in deren Tiefen er den Tod fand. Aufgrund dieses Martyriums wurde er zum Schutzpatron des Wassers und der Feuerwehr auserkoren. Sein Leichnam wurde ans Ufer geschwemmt, unweit der Mündung der Enns in die Donau. An der Stelle, wo man ihn beerdigt hatte, wurde später ein Kloster errichtet und nach ihm benannt, St. Florian.

Als ich mich mit meinem Großvater in Lorch aufhielt, war man gerade dabei, die Klosterkirche zu renovieren. Unter ihren Mauern legte man die Fundamente früherer Kirchen frei, bis zurück auf einen römischen Tempel, teilweise zugänglich. Unter dem Altar musste sich einmal der Sarkophag befunden haben, der die Gebeine Florians und der anderen Märtyrer enthalten hatte, er war jedoch nicht aufzufinden. Ein Schullehrer konnte einen alten Herrn ausfindig machen, der vor langen Zeiten als Ministrant in der Kirche gedient hatte, und dieser konnte sich an einen großen Stein erinnern, der am Rand des Friedhofs lag. Tatsächlich, es handelte sich um den Sarkophag, der an dieser Stelle gar nicht groß auffiel, wie ein umgedrehter Steinklotz sah er aus. Nun legte man die Gebeine hinein und setzte den Sarkophag an seinem angestammten Platz bei.

Durch diese Geschehnisse und den Besuch in Lorch hatte ich einen Bezug zum heiligen Florian gewonnen und schlug den Namen zusammen mit zwei anderen unserem Abt in St. Ottilien vor. Er entschied sich für Florian, und diesen Namen werde ich nun mein Leben lang tragen. Den Namen Franz-Josef, den ich in Kindheit und Jugend, in der Zeit vor dem Klostereintritt, trug, gab ich ab.

So hatte sich der Ausflug mit meinem Großvater Theodor sozusagen namensspendend ausgewirkt.

Familie, Kinder

Die Entscheidung für die Kirche war für mich immer sehr klar. Auch als ich älter wurde und Mädchen kennenlernte, mit ihnen Tanzen ging – ich war ein recht guter Tänzer – änderte sich daran nichts. Flirts gab es, mehr nicht. Es war einfach nicht mein Weg, was nicht heißen soll, dass ich Mädchen aus dem Weg gegangen wäre.

Dennoch, es war ein Verzicht, der mir erstmals so richtig bewusst wurde, als meine ältere Schwester Marie-Therese ihr erstes Kind bekam. Ich war zu dieser Zeit schon im Seminar, im Studienhaus des Klosters Heiligenkreuz in Österreich, und bereitete mich auf den Priester- und Ordensberuf vor.

Mit Kindern bin ich schon immer gut ausgekommen, habe sie gern gehütet und mich mit ihnen beschäftigt, Kinder waren mir wichtig. Familie überhaupt, die ja eine bedeutende Rolle in meinem Leben gespielt hat, die Geborgenheit, die man in ihr findet, in der Familie, in der Gemeinschaft, das war und ist tragend für mich. Aus der Geborgenheit der Familie hat mich mein Weg in diejenige der klösterlichen Gemeinschaft der Benediktiner geführt, ich habe sie, trotz meines Aufbruchs aus der „normalen" Familie, niemals missen müssen, immer Rückhalt erfahren, hier wie dort.

In meine Jugendzeit fiel die sogenannte „sexuelle Revolution", und unsere Eltern achteten darauf, dass wir nicht allzu sehr beeinflusst wurden von den Diskussionen darum, sie haben uns einfach vernünftig aufgeklärt. Da wir mit der Landwirtschaft großwurden, bekamen wir durch die Tiere genug davon mit, wie das mit der Fortpflanzung funktioniert. Da war die natürliche Neugier schon gestillt, niemand von uns Kindern dachte sich viel dabei.

Unser Familienleben spielte sich anfangs in einem kleinen Haus in Leutstetten ab. Da war ich bis zum Ende der dritten Klasse. Anfangs hat mein Vater noch studiert. Wir besaßen dort eine Pferdezucht, um die mein Onkel Ludwig sich gekümmert hat, es war also mehr als ein Hobby. So sind wir mit Pferden aufgewachsen, lernten alle sehr früh reiten und bekamen später „eigene" Pferde zur Pflege und zum Zureiten. In der 2. oder 3. Klasse, bekam Marie-Therese eine Stute mit Namen Hollo. Anfangs war das Tier ganz gütig und leicht zu führen. Aber als meine Schwester versuchte sie einzureiten, warf die Stute sie regelmäßig ab, praktisch täglich. Eines Tages saß Marie-Therese heulend auf den Stufen vor dem Haus und sagte, sie wolle Hollo nicht mehr haben, es könne sie nehmen, wer wolle. Da überlegte ich nicht lange und übernahm das Pferd. Ich wurde nicht weniger oft von ihr abgeworfen als meine Schwester, jeden Tag das gleiche Spiel wie zuvor schon bei ihr. So lernte ich wenigstens, richtig zu fallen ohne mich zu verletzen, eine Fähigkeit, die man beim Fahrradfahren oder beim Judo immer gut gebrauchen kann. Die Stute aber wurde zum wahren Kinderpferd. Es stellte sich nämlich heraus, dass sie nur bockte, wenn ein sicherer Reiter auf ihrem Rücken saß, offenbar um ihn zu testen. War das Kind unsicher, blieb Hollo brav.

Wir waren, denke ich, zufriedener als andere Kinder, auch wenn wir keinen Fernseher hatten. Es gab so viele andere Dinge, die interessanter waren, als vor dem Fernseher zu sitzen. Jetzt, im Nachhinein, sagen alle meine Geschwister unisono: Dass wir keinen Fernseher hatten, war so schön. Darüber haben wir damals anders gedacht und uns mitunter lauthals beklagt. Doch es war eine Frage der Einstellung unserer Eltern. Damals konnte man es sich noch leisten, *keinen* Fernseher zu haben, heutzutage ist das ja quasi undenkbar.

Das Weihnachtsfest begingen wir ganz klassisch, in christlicher Tradition. Dabei wurde weniger Wert auf Geschenke gelegt als auf das Beisein der Gäste. Insbesondere eine Dame durfte nicht fehlen, das war „Feuja", eine ehemalige Erzieherin meiner Mutter, die unverheiratet geblieben und zum Familienmitglied geworden war. Eines von uns Kindern hatte sich einmal versprochen, als es sich mit der Anrede „Fräulein" an sie wenden wollte. Heraus kam „Feuja", und dieser Kosename war ihr geblieben. Bücher waren die Hauptgeschenke an Weihnachten. In der Adventszeit kursierten Kataloge in der Familie, und jeder konnte ankreuzen, was ihn interessierte. Die Auswahl trafen die Eltern. Welche Titel man letztendlich unterm Weihnachtsbaum finden würde, wusste man nicht, sonst wäre es ja auch nicht spannend gewesen. Jedes Jahr über die Feiertage wurde ein Buch vorgelesen, für das sich möglichst alle erwärmen konnten, von meinem Vater oder meiner Mutter oder „Feuja". Als wir größer wurden und selbst lesen konnten, waren dann wir Kinder mit dem Vorlesen an der Reihe.

Gemeinschaft der Ordensbrüder

In der einen oder anderen Erzählung und Erinnerung ist das Thema Berufung und meine Entscheidung, den Weg in den Orden einzuschlagen, ja schon angeklungen. Die Berufung zum Priester und Missionar fühlte ich schon sehr. In welcher Form aber ich dieser Berufung nachgehen würde, stand damit noch lange nicht fest. Die Entscheidung, dem Benediktinerorden beizutreten, reifte erst während meiner Zeit im Internat in Dillingen. Das Gemeinschaftsleben war mir wichtig, das gemeinsame Gebet, das so oft eine erfüllende Erfahrung war, schließlich die Vorbilder, die im Umkreis meiner Familie erschienen waren und mich geprägt hatten und prägten, vor allem Pater Johannes, Pater Rudolf, die ich in Dillingen im Kolleg kennenlernte, später Pater Bertram, sämtlich Benediktiner.

Klarheit darüber, dass ich kein einzelner Weltpriester sein wollte, der für sich lebt und Dienst in einem Bistum tut, gewann ich erst während des Studiums. Damals hatte mir Bischof Stimpfle von Augsburg bereits zugesagt, mich in die Mission zu schicken, sollte ich nach der Priesterweihe in sein Bistum kommen. Das war für mich sehr reizvoll, denn das Bistum Augsburg hatte bereits Missionare in Kenia.

Dennoch: Die Entscheidung Weltpriestertum oder nicht fiel mir nicht sonderlich schwer. Der Weltpriester, wie es ihn in Deutschland gibt, hat eine herausgehobene Stellung in der Gemeinde, er lebt für sich, hat Eigentumsrechte, muss für seine Zukunft, für sein Alter vorsorgen. Das ist grundlegend verschieden vom Leben der Ordensleute. Wir bilden eine Gemeinschaft, wir tragen uns gegenseitig, wir gehören zusammen und sind gleichzeitig frei, dorthin ausgesandt zu werden, wo immer wir gebraucht werden. Ob im Alter, im Krankheitsfall, immer haben wir einen Rück-

Statue des heiligen Benedikts vor der Klosterkirche in St. Ottilien

halt, ein Zuhause, eine Gemeinschaft, die uns auffängt. Das haben Weltpriester, auch wenn sie im Alter immer Aufnahme in einer Pfarrei finden werden, nicht: ein bestimmtes Zuhause. Aber ich fühle mich als Ordenspriester wesentlich freier, mich voll in die Arbeit zu stürzen, einfach, weil ich mich nicht um die Zukunft kümmern muss.

Ora et labora – bete und arbeite. Das ist der Dreh- und Angelpunkt des klösterlichen Lebens, der beständige Rhythmus, der die charakteristische Lebensart und den Alltag der Benediktiner bestimmt. Umso verwunderlicher mag es wirken, dass der heilige Benedikt von Nursia (480 bis 547), der den Mönchen des Abendlandes eine feste, für das Abendland wegweisende Ordnung gab, *diese* Grundregel an keiner Stelle in schriftlicher Form festgehalten hat. Es hat sich wohl vielmehr so verhalten, dass der authentische, aus der Überzeugung erwachsene Lebensvollzug von Gebet und Arbeit diesen benediktinischen Grundsatz gefestigt hat. So wurden die Benediktiner immer gesehen, betend und arbeitend, so wurden sie wahrgenommen. Für Benedikt war das Beten das Zentrum des Klosterlebens. Gebet, Psalmen, Gesang, auf diese Weise verherrlichen wir Gott und schöpfen daraus Kraft für unsere Arbeit. Und diese wiederum, die tägliche Arbeit, ist genauso Verherrlichung Gottes. Arbeit ist niemals Selbstzweck, sie ist sowohl Bestandteil des Lebens als auch des Gebets, das davon lebt. Mönch ist nur der, der von seiner eigenen Hände Arbeit lebt, wie jeder normale Bürger ja auch. Wir als Benediktiner verfolgen nicht das Ideal der Armut, es ist die Einfachheit, das einfache Leben, das im Vordergrund steht. Mögen Benediktinerklöster oft auch reich sein, der Einzelne ist es nicht. Die Arbeit bedeutet, an der gemeinsamen Existenzgrundlage zu wirken, zur Verherrlichung Gottes. Damit das, was man tut, gut ist und schön – und Gott in allem davon.

Beständigkeit und Aufbruch

Seit den Tagen der Urkirche haben sich Christen zusammengeschlossen, um in Ehelosigkeit und Gütergemeinschaft ein Leben nach dem Evangelium zu führen. Es entstanden die verschiedenen Klöster und religiösen Orden. Wenn man sich dafür entscheidet, dem Benediktinerorden beizutreten, gelobt man neben Keuschheit und Gehorsam auch *stabilitas*, Beständigkeit. Diese bezieht sich auf das Kloster, dem man mit seinem Eintritt angehört. Der Mönch wird also nicht nur in den Orden aufgenommen, sondern in ein bestimmtes Kloster, in dessen Gemeinschaft er sich verwurzelt. St. Ottilien ist demnach mein Heimatkloster, denn in dieses Kloster bin ich eingetreten. Der Gemeinschaft dort gehören etwa zweihundert Mönche an. Ungefähr die Hälfte von ihnen lebt im Klosterdorf von St. Ottilien, die andere Hälfte ist in der Mission tätig, weltweit, im Dienst an den Armen und Kranken. St. Ottilien ist also weit mehr als ein westlich von München, unweit des Ammersees gelegenes Kloster.

Wie andere Ordensgemeinschaften gründete auch St. Ottilien neue Klöster in aller Welt. Sie betrieb diese Tradition so intensiv, dass sie zur Erzabtei aufstieg, zum Zentrum eines ganzen benediktinischen Klosterverbundes. Die Gründung von St. Ottilien selbst geht auf die Initiative des Beuroner Mönches Andreas Amrhein zurück.

Er erweckte im Jahr 1887 das alte benediktinische Missionsideal zu neuem Leben. Seit dem frühen Mittelalter hatten sich die Benediktiner immer mehr auf ihre Klöster zurückgezogen und den Missionsauftrag Christi anderen, neueren Ordensgemeinschaften überlassen, die in ganz Europa den Glauben an Christus verbreiteten und vertieften.

Nun wurde St. Ottilien zum ersten Missionshaus in Deutschland.

Ein Jahr zuvor hatte Amrhein den Teil eines recht heruntergekommenen Anwesens samt Schlösschen erworben, um die Missionsbenediktiner aus der von ihm zwei Jahre zuvor in Reichenbach/Oberpfalz gegründeten Gemeinschaft hier anzusiedeln. 1887 wurde Emming der Hauptsitz der Genossenschaft, die neben einer Männergemeinschaft auch einen Schwesternzweig umfasste. Der alte Weiler, an dem Amrhein sich niedergelassen hatte, veränderte sich schnell, denn die zwei Klostergemeinschaften wuchsen rasch, Platz wurde gebraucht, Gebäude wurden abgerissen, nur der barocke Rittersaal blieb erhalten. Die Landwirtschaft wurde intensiviert. Ein Moor wurde trockengelegt und in Grünland verwandelt sowie ein Weiher und neue Zufahrtswege angelegt und eine Eisenbahnhaltestelle eingerichtet, um den Ort zugänglicher zu machen, dem die Benediktiner den Namen „St. Ottilien" gaben. Sie benannten damit ihr Kloster nach der heiligen Ottilia, einer Heiligen, zu der in Emming eine Wallfahrt bereits im 14. Jahrhundert stattfand. Schon von früh an war St. Ottilien mehr als ein kleines Anwesen: Ein Klosterdorf entstand rings um die neue Abteikirche, welches mit Mönchen, Schwestern, Schülern, Lehrlingen und Arbeitern an die sechshundert Einwohner zählte.

Das Kloster hat, das ist seit eh und je der Fall, keinen Anspruch auf Kirchensteuermittel, das heißt, die Abtei und die Mönche sorgen selbst für ihren Lebensunterhalt. Die Arbeit hat im Alltagsleben der Mönche zweierlei Aspekte, einmal ist es sie wirtschaftlicher Faktor und zugleich, gemäß dem Benediktinischen Lebensentwurf *ora et labora*, ein wesentliches Element des geistlichen Lebens. Wie der Benedikt in seiner Klosterregel schreibt: „Nur dann sind sie wirklich Mönche, wenn sie von ihrer eigenen Hände Arbeit leben."

Entsprechend der Ordensregel bestimmen Gebet und Arbeit das Leben im Kloster, wobei „alles Gerät und alle Habe des Klosters wie heiliges Altargerät betrachtet werden soll".

Die Mönche von St. Ottilien bewirtschaften ein rund zweihundert Hektar großes Ökonomiegut, das Ackerbau, Rinderzucht und Milchwirtschaft, Schweinemast und einen Hühnerhof umfasst, dazu etwas Wald. Ein Teil der Produktion wird vermarktet. Und damit geht einher, dass selbst im Kloster die ländliche Idylle nicht ungetrübt bleiben kann. Wie überall gelten auch hier die EU-Vorschriften und die Prinzipien der Wirtschaftlichkeit, genau wie in der restlichen Welt.

HINAUSGEHEN NACH AFRIKA

Das Größere – es ist da

Das Größere und seine Existenz sind für mich nicht verhandelbar, für mich ist es da, auch wenn es für andere nicht so ist. Für mich ist es Fakt. Für den Einzelnen stellt sich nur die Frage, inwieweit ihm das bewusst ist bzw. ob das Größere im Bewusstsein selbst liegt. Im Grunde, so denke ich, ist die Sehnsucht nach einem Größeren im Unbewussten eines jeden von uns stets verankert, wie ein jeder Mensch immer nach etwas strebt, nach mehr, nach etwas Höherem, das das eigene Denken, das eigene Dasein, das eigene Leben übersteigt. Die Frage muss immer sein, um welches Mehr es sich handelt. Geht es um Haben, um Sein, um Prestige? Oder um ein Mehr von *uns*, *in* uns oder ein Mehr von Gott? So kann der Glaube wirken, er trägt die Antwort auf die Frage nach dem Mehr in sich und gibt uns die Kraft dazu, das „für mich" zurückzustellen.

Im Leben eines Menschen, der an nichts glaubt, gibt es auch ein Streben nach „Mehr", aber für sich selbst, und die Frage ist, ob man dabei glücklich werden kann oder eher unzufrieden bleiben wird.

Mein Glaube hat mir gezeigt, dass es etwas gibt, was das Denken und den normalen Alltag übersteigt. Etwas, das jenseits von dem liegt, was wir Menschen greifen und beeinflussen können. Und doch ist dieses Mehr, dieses Größere, nicht gänzlich jenseits unserer Welt. Ich lebe in dem Bewusstsein, dass dieses Mehr in uns liegt, dass wir teilhaben an diesem Sein in sich, das jedoch viel mehr ist, als wir jemals sein werden oder haben können. Erst das gibt uns die Freiheit, von uns und der Sehnsucht nach dem „Mehr für uns" zurückzutreten, uns in einem größeren Zusammenhang aufgehoben zu fühlen, uns auf die Suche nach dem Mehr zu begeben, das nur in Gott sein kann. Gott, der alles übersteigt und doch ganz nah ist.

Für mich ist Glaube nicht etwas für die Starken oder die Schwachen, sondern etwas für alle. Wir haben alle starke und schwache Seiten in uns. Und auch wenn wir uns stark fühlen oder auf der Seite der Starken vermuten: Irgendwann gelangt jeder von uns an seine Grenzen und sieht, fühlt seine Schwäche. Das sind Situationen, in denen der Glaube und seine Macht am intensivsten und am deutlichsten spürbar wird. Zu wissen, dass es etwas Größeres gibt – und dass dieses Größere auch ganz konkret in uns selbst gelegt wurde – das ist für mich der Antrieb, die Zuversicht, die ich aus dem Glauben schöpfe.

Erst mit diesem Bewusstsein kann man voll und ganz aus sich herausgehen und Dinge tun und vollbringen, die man ohne diese Grundeinsicht nie hätte leisten können. Gott gibt einem die Kraft dazu, wenn man zu dieser Einsicht gekommen ist. Immer wieder fragen mich Menschen, woher ich die Kraft nehme, in die Wüste hinauszugehen, zu unzugänglichen Orten vorzudringen. Natürlich stehen auch mir die Schwierigkeiten vor Augen, mit denen ich täglich zu kämpfen habe, der Glaube macht ja nicht blind. Unwegsame Straßen, Initiativen, die sich überhaupt nicht oder nur sehr, sehr langsam entwickeln. Aber das Grundsätzliche ist nicht schwer, es ist leicht, eine große Freude, das Leben mit den Menschen zu teilen, für sie da zu sein. Wie sollte das keine Freude sein? Betrachtet man hingegen seine Tätigkeit als Art Service und tendiert womöglich dazu, die Menschen als hilfs*bedürftig* zu sehen, verändern die Waagschalen ihre Position. Man muss *mit* den Menschen sein, nicht nur *für* sie. Erst, wenn man das Miteinander lebt, befähigt man sich selbst, von den Menschen zu lernen. Wir haben nicht allein Entwicklung und Fortschritt gepachtet, in Afrika können wir das Wesentliche lernen, vor allem das Überleben.

Vielleicht war es Glück, vielleicht war es Vorsehung, Fügung Gottes, aber als mein Noviziat in St. Ottilien im September 1983 zu Ende ging, gab es im ganzen Kloster keine Position zu besetzen, keine Lücke zu füllen. So kam es, dass ich ausgesandt wurde in die Mission. Für die Dauer von ein paar Monaten wurde ich nach England geschickt, um mein Englisch aufzubessern, und dann reiste ich nach Afrika, wie es immer mein Traum gewesen war.

Hätten sie mich in St. Ottilien gebraucht, Verwendung für mich gehabt, wäre ich selbstverständlich dort geblieben, schließlich hatte ich ja Gehorsam gelobt. Wie die Dinge lagen, hatte ich – im positiven Sinne – keine Wahl. Lediglich die zwischen zwei Einsatzgebieten, Digos auf den Philippinen oder eben Kenia. Beide Gemeinschaften waren noch jung, etwa zur gleichen Zeit gegründet worden. Erzabt Notker entschied, mich nach Kenia zu schicken, weil ich die Mitbrüder dort schon kannte.

Zum ersten Mal war ich 1978 in Afrika gewesen. Damals stand ich noch in der Priesterausbildung, im Zisterzienserkloster Heiligenkreuz bei Wien. Für einige Wochen konnte ich, in Begleitung von drei Mitschülern, nach Kenia reisen und die dortige Gemeinschaft von Brüdern in Nairobi besuchen. Damals stand die Gemeinschaft noch ganz am Anfang, es gab noch kein Kloster, lediglich der Platz dafür existierte, aber von einem Gebäude konnte noch keine Rede sein. Wir wohnten in Kiabu in einem kleinen Haus, das die Gemeinschaft für die Übergangszeit angemietet hatte. Eine Dame hatte ein Grundstück zu vergeben, auf dem ein noch zu Kolonialzeiten erbautes Haus stand.

Ich lief im ersten „Besichtigungstrupp" der Gemeinschaft mit, Pater Johannes ging vorneweg. Es war ein sehr schönes Anwesen, wenngleich es im Haus keine Möbel gab außer einer großen Sofagarnitur und einem Klavier, im Salon ein offener Kamin. Ich weiß nicht, ob das den Ausschlag gab, aber die Benediktiner entschlossen sich, das Grundstück zu übernehmen. Damit war der Grundstein für die Arbeit der Benediktiner aus St. Ottilien in Kenia gelegt. Und ich war mit dabei gewesen.

Drei Jahre später, 1981, sollte ich ein zweites Mal nach Kenia reisen, diesmal in Begleitung meines Vaters und zweier Studienkollegen aus Heiligenkreuz. Das Kloster in Nairobi stand in Teilen, und es ging darum, einen Brunnen zu bauen. Pater Johannes bat meinen Vater zu kommen, da dieser über Erfahrungen im Aufspüren von Wasseradern verfügte. Tatsächlich war seine Suche mittels Wünschelrute von Erfolg gekrönt, er spürte eine Wasserquelle auf, und der Brunnen, der einige Zeit später gebohrt und angelegt wurde, sprudelt bis heute.

Als Missionar nach Afrika

Bei Antritt meiner ersten Afrika-Reise war die Entscheidung, ins Kloster St. Ottilien einzutreten, bereits gefällt. Ein Eintritt in ein Kloster ist niemals leichtherzig zu treffen, es ist ja bei weitem keine so einfache Angelegenheit wie etwa der Beitritt zu einem Verein. Es ist ein mehrere Schritte umfassender Prozess, der notwendig ist, um die besondere Lebensform innerhalb der Gemeinschaft für sich selbst zu prüfen.

Der erste Schritt ist, nicht nur in Ottilien, das sogenannte Postulat. Für die Dauer von sechs bis zwölf Monaten lebt man in der Gemeinschaft im Kloster und kann so das Klosterleben kennenlernen. Darauf folgt das einjährige Noviziat, das so eine Art Ausbildung für das Kloster darstellt: Man wird in das Stundengebet eingeführt, erhält Ge-

Nach der Priesterweihe, gemeinsam mit Bischof Josef Stimpfle und Notker Wolf, dem damaligen Erzabt von St. Ottilien

sangsausbildung und geht der eigenen Entscheidung nach, ob das Kloster der Ort sein soll, an dem man sein Leben verbringen möchte.

Im Noviziat, das für mich 1982 begann, hat sich meine Entscheidung, ins Kloster einzutreten, stetig gefestigt. Und schließlich hat sich auch mein Wunsch erfüllt, als Missionar nach Afrika zu gehen, ohne großes Zutun, es hat sich ergeben: Als ich das Noviziat abgeschlossen hatte, waren zwei Missionsstationen im Aufbau begriffen. Eine in Digos auf den Philippinen, die andere in Tigoni in Kenia, etwa 30 Kilometer von Nairobi entfernt gelegen. Für beide Stationen hielt man nach geeigneten Brüdern Ausschau. Da ich Tigoni und die dortigen Mitbrüder bereits kannte, war die Entscheidung schnell getroffen. Anfang 1984 wurde ich nach Tigoni ausgesandt.

Das Land und das Klima waren mir bereits vertraut – einen Kulturschock hatte ich nicht zu befürchten. Im ersten Jahr in Kenia reiste ich viel umher je nach Bedarf, und lernte dabei unter anderem die Missionsstation im Kerio-Tal, das durch Kenia und Tansania verläuft, kennen. Pater Winfried aus der Station im Kerio-Tal war an Krebs erkrankt und auf einem Auge blind. Er hatte um Unterstützung angefragt, und so begann 1984 meine zweijährige Zeit in der dortigen Station.

Da ich direkt nach dem Noviziat ausgesandt worden war, hatte ich zu dem damaligen Zeitpunkt nur die einfache Profess abgelegt. Endgültig und auf Lebenszeit ist man erst an ein Kloster gebunden mit dem Ablegen der feierlichen Gelübde, nach drei Jahren Klosterzugehörigkeit. Ich war noch Bruder, die Priesterweihe hatte ich noch nicht empfangen. Das hieß für mich, noch einmal zurück nach Deutschland zu gehen, um von dort aus erneut zum Priester geweiht und, nach meiner feierlichen Profess, die ich im Juli 1986 in St. Ottilien ablegte, für ein Leben lang dem Klosterleben versprochen, nach Kenia aufzubrechen.

Raupenplage und sonnengebräunte Schweine

Auch diesmal verlief der Weg zur von mir anvisierten Wirkungsstätte nicht geradlinig. Zunächst, 1987, war ich als Kaplan in einer Pfarrei in Nairobi für die Jugendarbeit zuständig, etwa für die Dauer eines Jahres. Darauf folgten Vertretungen in verschiedenen Missionsstationen. In Chesoi, im Kerio-Tal, war der Pater an Gelbsucht erkrankt und heimgeschickt worden; ein halbes Jahr lang habe ich ihn vertreten. Als ich zwischendurch in Nairobi tätig war, verstarb Pater Winfried. Die Pfarrei war somit verwaist, wurde nur zur Überbrückung von wechselnden Vertretern gehalten. Zurück im Kerio-Tal habe ich in Aror Pater Vinzent vertreten, und diesmal für längere Zeit, ungefähr neun Jahre war ich dort und übernahm die Mission, bis Mitte 1997.

Ende desselben Jahres – die Mission in Aror sollte aufgegeben werden – kam ich nach Tigoni. Dort war ich einmal monatlich zu Besprechungen gewesen, da ich ins Seniorat gewählt worden war – ein Ältestenrat, der Entscheidungen über die Finanzen und Pläne für die einzelnen Missionsstationen trifft. Schon zu dieser Zeit war ich öfter gebeten worden, ganz nach Tigoni zu kommen, und habe den jungen Mitbrüdern in der Ausbildung geholfen.

Ausbildung ist für die Menschen hier das höchste Ziel. Sie meinen, je solider die Ausbildung, desto besser das Leben später, was im Prinzip ja richtig ist. Mitunter aber realisieren sie nicht, dass eine Ausbildung allein nicht alles ist. Denn ohne einen gewissen Arbeitsethos, eine Initiative zur Arbeit geht es nicht. Ihnen das zu vermitteln, das in ihnen mit heranzubilden, war immer mein Ziel. Ich halte mich nicht für einen großen Spendensammler, meine Stärke liegt eher im Organisieren der Arbeit und ihrer Abläufe, und die habe ich genutzt und alle jungen Auszubildenden einbezogen, sie ermuntert mitzudenken. Wer nicht arbeitet, kann sich zuhause ausruhen, aber nicht bei uns, das war die Devise. Auf die Weise hat sich ein neuer Geist durchgesetzt, das Engagement hat sich gelohnt, wie man zum Beispiel an zwei unserer Auszubildenden sieht, Vinzenz und Misail. Die beiden sind tatkräftig, haben ein Auge darauf, dass der Laden läuft, und tragen diese Verantwortung mit Freude.

Einmal hatten wir in Tigoni einen Amiwams-Alarm. Das sind Raupen, die über Weiden und Felder einfallen wie die Heuschrecken. Eine unserer Weiden war befallen, und wir standen vor der Frage, chemische Keule oder nicht? Versuchsweise sammelte ich ein paar Raupen von Hand ein und warf sie den Schweinen vor. Tatsächlich, die Schweine fraßen die Raupen. Kurzerhand trieb ich die Schweine auf die Weide, und eine Woche lang gab es schon zum Frühstück Amiwams, es war herrlich anzuschauen. Schnell hatten unsere Schweine begriffen, was zu tun war, allerdings waren einige weißhäutige Tiere darunter, die arg sonnenempfindlich reagierten. Sie holten sich einen regelrechten Sonnenbrand. Ein paar Tage später standen sie auf der Weide – und waren braungebrannt.

Verstehen durch Zuhören

Ich war schon immer ein Beobachter. Mit dieser Einstellung bin ich auch nach Afrika aufgebrochen: Ich bin gekommen, um zu beobachten, zunächst erst einmal nur da zu sein, in aller Gelassenheit und Offenheit zu sehen. Ich brauchte mich gar nicht groß umzustellen, habe wie eh und je auf mein Gefühl vertraut und aus ihm heraus gehandelt, immer langsam, ohne Hast. Das ist, vor allem hier in Afrika, viel eher angebracht, als in blinde Aktionslust zu verfallen.

Als ich im Kerio-Tal angefangen habe, beherrschte ich die Landessprache, Kisuaheli, noch überhaupt nicht. Im Sprachenlernen bin ich nicht besonders gut, aber relativ gut im Verstehen der Leute, auch ohne Sprache. Mit den Menschen zurechtgekommen bin ich durch Beobachten, durch Zuhören, gar nicht viel fragen, sondern unterhalten, vor allem mit den Jugendlichen, die ja, anders als die Älteren, auch ein wenig Englisch sprechen. Oft wussten sie selbst nicht über ihre Kultur, Traditionen und Denkweisen Bescheid, was sie aber nicht zugeben mochten, sie lenkten ab, auf andere Themen. Danach gingen sie nach Hause zu ihren Eltern oder Großeltern und fragten nach, wie sich dieses und jenes denn so verhält. In der nächsten Unterhaltung mit mir kamen sie von selbst darauf zu sprechen, und so konnte ich viel lernen und die Jugendlichen auch. Und es gab vieles zu lernen, über die traditionelle Art der Landwirtschaft, Zusammenhänge im Ökosystem, das ja im Kerio-Tal wieder ganz anders ist als anderswo. Auf diese Art konnte ich meinen Wissensbestand erweitern, Stück für Stück, und bin auf diese Weise allmählich in das Leben hineingewachsen.

Die erste Abschiedsfeier bestätigte mich in dieser Vorgehensweise. Ich sollte ja in Deutschland meine feierliche Profess und die Priesterweihe empfangen, und dafür musste ich eine Weile weg aus Aror. In der Pfarrei wurde eine kleine Feier organisiert, um mir etwas mit auf den Weg zu geben. Die Leute sagten, ich solle ja wieder kommen, denn ich hätte einen guten Einfluss auf die Jugend. Das sagten die alten Leute, die Großeltern-Generation, was mich überraschte, denn mit ihnen hatte ich eher weniger zu tun gehabt. Erst da erfuhr ich, dass sich bei den Jugendlichen über meine Fragen ein Interesse für die eigenen Traditionen entwickelt hatte, und das wiederum sahen die Großeltern sehr gern.

Die Menschen und ich – wir wachsen zusammen. Meine Kultur ist verschieden von ihrer und wird immer verschieden bleiben, genauso ist meine Mentalität verschieden von ihrer und wird immer verschieden bleiben. Aber der Einfluss ist groß, das ist nicht zu leugnen. Ich stelle fest, dass man viele Dinge immer noch ruhiger nehmen kann. Ist ein Fenster schief eingebaut, ja, dann ist es eben schief eingebaut, das stört mich schon lange nicht mehr, es gibt Wichtigeres als Perfektion und Genauigkeit. Meine Einstellung ging ohnehin nie in diese Richtung; so gesehen bin ich kein typischer Deutscher.

Der Weg führt nach Illeret

Vor meinem Freijahr, das ich 2001 nahm, war ich, nach meiner Zeit in Tigoni, für ein knappes Jahr in unserer Station in der Hauptstadt Nairobi als Superior für das Haus und die Gemeinschaft tätig. In Nairobi war ich nicht sehr glücklich, die Stadt ist nicht mein Ding, und so kam mir die Auszeit sehr gelegen.

Acht Monate verbrachte ich zu Hause in St. Ottilien, und zwei Monate in anderen Klöstern, in Belgien und in Togo, um auch das Klosterleben dort kennenzulernen. Es folgten zwei Monate Urlaub in meiner bayerischen Heimat. Unsere normale Urlaubszeit als Missionar aus Europa beträgt einen Monat pro Jahr, am Stück nach drei oder vier Jahren zu nehmen. Es steht jedem Missionar jedoch frei, jedes Jahr drei Wochen Urlaub vor Ort zu machen, niemand ist gezwungen, nach Hause zu fliegen.

Nach einem Jahr außerhalb Afrikas hatte ich also wieder kenianischen Boden unter den Füßen. Wohin genau mein Weg von hier aus führen sollte, stand noch nicht fest. Mein Wunsch war, wieder aufs Land zu gehen. Dass bei der Entscheidung, mich nach Illeret zu schicken, der Nuntius, also der Botschafter des Vatikans in Kenia, eine wichtige Rolle spielen sollte, konnte ich damals noch nicht wissen. Den Nuntius, ein offener, sympathischer Mann, kannte ich bereits, hatten sich unsere Wege doch schon einige Male gekreuzt.

Als ich gerade frisch nach Kenia gekommen war, war er dabei, allen Pfarreien und Diözesen einen Besuch abzustatten, drei Orte pro Tag, kein leichtes Programm. Dabei kam er auch nach Aror, wo ich damals arbeitete, und übernachtete bei uns. Das war unsere erste Begegnung. Kurz darauf wurde ich nach Tigoni geschickt, und auch hier kam der Nuntius auf seiner Rundreise vorbei. Ich kam gerade von der Bank, wo ich Geldgeschäfte erledigt hatte, und lief ihm quasi in die Arme. „Was, du hier?", rief der Nuntius erstaunt. Einige Zeit später half ich bei der Vorbereitung der Firmlinge in der deutschen Schule in Nairobi. Sie luden mich zum Firmgottesdienst ein, den der Nuntius halten würde. Eine Begegnung war unvermeidlich, und wieder seine erstaunte Frage: „Was, du hier?" Als ich eine Woche darauf als Superior in unserer Pfarrei in Nairobi eingesetzt worden war, kündigte der Nuntius an, er habe vor, die kleine, von ihm ins Leben gerufene Schule im Massari-Slum zu besuchen und dort nach dem Rechten sehen zu wollen. Da unser Pfarrer gerade sehr beschäftigt war, empfing ich den Gast. „Was, du schon wieder? Wo bist du eigentlich, mal hier, mal dort?"

Wieder einige Zeit später. Ich war, um Nairobi für eine Weile zu entfliehen, mit Pater Hubert unterwegs zur Missionsstation North Horr im Norden des Landes, wo ich ein paar Wochen bleiben wollte. Auf der Hinfahrt sagte Pater Hubert, er werde sich in der kommenden Woche auf den Weg nach Maikona machen, ein Ort, der in seinem Zuständigkeitsbereich lag. Die dortige Kirche sollte feierlich eingeweiht werden, unter anderem würden der Bischof und der Nuntius erwartet. Und er fragte, ob ich ihn nicht begleiten wolle.

Keine Frage, natürlich wollte ich. Ich war gerade damit beschäftigt, die Sonntagsmesse mit vorzubereiten, als die Gäste eintrafen. Der Nuntius stieg aus dem Wagen, sein Blick fiel auf mich und er rief aus: „Nein, das ist zu viel! Ein Benediktiner, der keine *stabilitas* hat …!" Mit diesen Worten und einem beständigem Schmunzeln im Gesicht stellte er mich dem Bischof vor: „Das ist der Mönch, der keine *stabilitas* hat. Er ist immer irgendwo anders." Der Bischof, Ambros Savassi, ein Italiener, der mich einst nach Marsabit hatte holen wollen, setzte noch eins drauf: „*Das* ist ein Benediktiner, der sich weigert, in meiner Diözese zu arbeiten!" Ich erlaubte mir zu erwidern: „Nein, nein, ich bin jederzeit bereit zu kommen, aber ich lebe eben lieber im Busch als in der Stadt." Da fragte der Bischof doch lieber noch einmal nach, ob dem auch wirklich so sei. Ja, das stimme, bestätigte ich, und fügte hinzu: „Der Platz, an dem ich sein will, muss so weit wie möglich von Nairobi entfernt sein."

„Dann weiß ich einen Ort für Sie!", sagte da der Bischof rundheraus. Und damit kam die Rede auf Illeret.

ILLERET

Die Fahrt von Marsabit nach Illeret über North Horr

Geschildert von Christian Weisenborn

Von Pater Florian und seiner jahrzehntelangen Missionsarbeit in Afrika hatte ich als Dokumentarfilmer schon vor mehr als vier Jahren gehört, fand aber einfach nicht die Zeit, um die Sache anzugehen. Als ich dann seine Familie anrief, stand der Besuch des Paters ins Haus. Das war ein guter Zufall. So konnte ich mein Filmprojekt über Pater Florian, Prinz von Bayern, der Mutter und dem Bruder Christoph schon vorab vorstellen, die mit Florian darüber gesprochen hatten, als wir uns dann erstmals begegneten. Das war im Jahre 2008 in St. Ottilien.

Er erzählte mir von dem geschenkten Schrott-Lastwagen, den er instand setzen wollte. Das war für mich konkrete Anregung zu sagen, dass ich gern die erste Fahrt mit ihm machen und dieses Experiment filmen wollte.

Vor Ostern 2009 war es soweit. Der Lastwagen war fertig repariert. Ich kam auch, um die Gottesdienste an den Kar- und Ostertagen in Illeret zu dokumentieren. Pater Florian war mit dem Lastwagen nach Marsabit gekommen, ich im Flugzeug. Wir trafen uns in der dortigen Station der Diözese. Marsabit ist ein staubiger heißer Ort, mit Hütten, Märkten, geschäftigem Treiben, kleinen Hotels, Restaurants. Wir wohnten im Kloster und dann hieß es erstmal: alles reparieren, was auf der Herfahrt kaputtgegangen war, zuallererst Reifen flicken, immer wieder, Reifen, Reifen, Reifen.

Wenn der Pater fährt, fahren immer etwa zwanzig Leute mit, die teilweise dafür bezahlen, zwei, drei Brüder sind auch mit dabei und natürlich Waren, Lebensmittel wie Baumaterialien, alles, was man braucht in Illeret.

Oben auf dem Lastwagen sitzen die Männer, hinten auf der Ladefläche lagern die Frauen zwischen der Fracht.

Dann ging es los, einmal der voll bepackte Lastwagen, zum anderen ein Landrover, vom Pater gesteuert, auch beladen, dazu noch unsere Filmausrüstung.

Allein auf der Fahrt nach North Horr, dem ersten Etappenziel, das etwa 220 Kilometer entfernt ist, hatten wir zehn Reifenschäden. Gegen Mitternacht kamen wir nach zehn Stunden in North Horr an. Die letzte Stunde fuhr der Landrover ohne Licht, weil die Lichtmaschine ausgefallen war. Es war Vollmond und man konnte ein wenig sehen, wo man fährt. Über Stock und Stein fährt der Pater langsam, aber wenn es sandiger wird, fährt er 60, 70 Stundenkilometer, folgt den Reifenspuren. Doch dann geht eine Spur links weg, die andere rechts, ohne Licht nicht ganz unproblematisch. Aber er weiß die Richtung, und irgendwann sahen wir in der Ferne den Handymast von North Horr mit einem roten Blinklicht an der Spitze. Der Pater ist ein guter Fahrer, braucht keinen Kompass und bleibt in jeder Situation sicher und gelassen.

Wir übernachteten in der Missionsstation von North Horr, die beiden angestellten Priester aus Augsburg, zwei nette Kerle, waren unterwegs in anderen kleineren Gemeinden.

Am nächsten Morgen mussten wieder Reifen geflickt werden, Schlauch raus, Loch finden, wie bei der Reparatur eines Fahrradreifens, alles per Hand.

Am späten Vormittag fuhren wir los, ohne zu wissen, dass die nächsten 200 Kilometer noch einmal 23 Stunden dauern würden. Pater Florian ist bei einer Panne als erster unter dem Auto. Manchmal geht auch der Wagenheber kaputt. Sie haben immer mit Schwierigkeiten zu kämpfen. Es ist eine Steinwüste, unendlich weit und trostlos. Die Piste ist erkennbar, aber nicht immer.

Wenn es bergab geht, ist der nächste Reifenschaden garantiert.

Pater Florian ist ein zäher harter Bursche. Er macht die meiste Arbeit. Wenn es ihm zu viel wird, übernehmen seine Mitbrüder. Eine Reifenpanne dauert etwa eine Stunde.

Per Stop-and-Go durch die Wüste: Unzählige Reifenpannen zwingen den Konvoi zum Halt.

Man muss sich mit den Mitteln, die vorhanden sind, begnügen.

Um Mitternacht ist man müde. Ich bekam einige Plastiktüten, die ich unter meinen Kopf legen konnte, so schlief ich an der Straße im Sand wenige Stunden, bis die Fahrt im Morgengrauen weiterging. Der Prinz schlief noch weniger, vielleicht nur eine Stunde, während ein anderer fuhr.

Man sitzt stundenlang im Auto, wird durchgerüttelt und -geschüttelt, und wenn es den Schlauch zerreißt, hört man einen Knall. Das wird von den mitreisenden Afrikanern irgendwie als selbstverständlich hingenommen. „Wir sind das gewohnt", sagte ein Mitfahrer, „das Reisen geht nun mal nicht anders." Und so empfindet auch Pater Florian. Es ist wie es ist und es nützt gar nichts, sich zu beklagen oder zu jammern.

Wir waren von Freitagvormittag bis Sonntagvormittag unterwegs für eine Strecke von 450 bis 500 Kilometern.

In uns, meinem Kameramann Hans Albrecht Lusznat und mir, hatte er Mitreisende, die ebenfalls nicht jammerten oder klagten. Ich bin auch einer von den Harten, wenn ich reise und wenn ich drehe. Es war uns klar, das wir nicht klein beigeben oder zurück weichen würden. Ich wusste ja schon vorher, wie der Prinz mit all den Schwierigkeiten umgeht, aber er konnte nicht wissen, wie wir darauf reagieren. Ich glaube, er war ganz froh, dass wir anders waren als manche Journalisten, die ihm vorher in Afrika begegnet sind.

Ankunft – in einem geliehenen Auto

Illeret, ein Außenposten der Pfarrei North Horr, liegt etwa fünfhundert Kilometer von Marsabit und über tausend Kilometer Staubpiste von Nairobi entfernt. Von North Horr aus, wo ich die Weihnachtstage des Jahres 2001 verbrachte, sollte ich nach Jahreswechsel schon einmal nach Illeret fahren, um mich dort etwas umzuschauen.

Der Wechsel ging recht zügig vonstatten. Nach zwei Monaten gab ich der Gemeinschaft meinen Bericht und meine Einschätzung über die Missionsstation in Illeret. Die Beratung war kurz, es wurde ab- und meinem Kommen zugestimmt, und an Ostern 2002 war ich fest in Illeret stationiert, direkt am Turkana-See an der Grenze zu Äthiopien gelegen.

Als ich im Dezember 2001 eintraf, stand noch wenig, es gab noch kaum Gebäude. Selbst die Missionsstation war noch nicht ausgebaut, sie war ja lediglich ein Außenposten der Mission in North Horr. Es gab in Illeret schon einige Christen, nicht sehr viele, aber immerhin kam eine kleine christliche Gemeinde zusammen. Die Missionare von North Horr waren alle paar Monate einmal hergekommen, für je zwei Sonntage, auch für die Feier der Gottesdienste, eine Kirche gab es schon. Ich musste nicht bei Null anfangen, aber es war ein Anfang insofern, als ein Pater permanent vor Ort sein sollte. Das war ich.

Ein Auto hatte ich nicht, ich hatte praktisch gar nichts, war mit Pater Hubert von Nairobi hergekommen, in einem geliehenen Auto. Ein Grund, warum ich zunächst eher unregelmäßig in Illeret war – ich war abhängig von den Fahrdiensten anderer. Bis ich ein eigenes Auto bekam, musste ich mich bis Dezember 2002 gedulden, die Gemeinschaft schenkte mir einen alten Landrover, den ich erst einmal herrichten musste. Aber immerhin, es war ein Untersatz, und irgendwann sogar ein fahrbarer. Leider nicht für lange, er hielt nur ein Jahr – Getriebeschaden.

Allgemein verlief der Start in Illeret eher zögerlich, schließlich hatte ich keine großen Mittel, vor allem keine finanziellen. Doch ich erkannte bald, dass der Bau und die Instandsetzung der Häuser gar nicht das Wichtigste war. Viel wichtiger war, bei den Menschen Fuß zu fassen, sie kennenzulernen, mit ihnen in Kontakt zu kommen. Ich hielt mich viel bei den Nomaden auf, besuchte sie, wohnte draußen bei ihnen, auch über Nacht, manchmal eine ganze Woche. So lernte ich ihre Mentalität kennen, und auch die Menschen selbst. Daraus habe ich wiederum für mich gelernt, habe mich besonnen, Pläne umgestellt, mir grundsätzlich überlegt, wie ich die Arbeit am besten angehen sollte, die vor mir lag.

Ein Brief nach Deutschland

Wenige Tage nach meiner Ankunft in Illeret, am 11. Januar 2002, schreibe ich einen ersten Brief an meine Familie:

„Gerade genieße ich den abendlichen Blick über den Turkana-See, mit der untergehenden Sonne hinter den Bergen am gegenüberliegenden Ufer. Mein ‚Missionshaus' ist kaum größer als der Landrover, der daneben steht. Es bietet gerade Platz für ein Bett, einen Stuhl, einen halben Tisch und die Kochecke mit Dusche, in der aber ein Regenwassertank steht. Außerhalb der Regenzeit hat es nur die ersten drei Nächte stark geregnet. Die Leute haben es sofort als Segen Gottes gedeutet, dass sie hier eine eigene Mission bekommen sollen. Für mich hat es den Vorteil, dass ich nun etwa hundert Liter sauberes Wasser zur Verfügung habe.

Die Landschaft hier ist zum Turkana-See hin völlig flach, dann hügelig und in der Ferne leicht bergig. Illeret selbst liegt auf einem lang gestreckten Sandhügel, an dessen Ende sich ein Polizeicamp befindet. Wasser bekommen die Leute nur, indem sie im trockenen Flussbett, das nennt man hier Laga, einige Meter in die Tiefe graben oder indem sie das ziemlich salzhaltige Wasser aus dem vier Kilometer entfernten See holen. Was mich am Anfang am meisten störte war, dass die Entfernung zur einzigen Toilette in der Schule einen halben Kilometer beträgt. Es ist interessant, wie einen solche einfachen Dinge anfangs doch stören können.

Am Sonntag halten wir Messe. Wann genau die Messe beginnt, kann ich gar nicht sagen. Am Vormittag, das ist sicher. Und beginnen soll sie um neun, aber die Menschen in ihrer Zeitlosigkeit kommen irgendwann zwischen neun und elf, sodass wir einfach anfangen, wenn die Kirche halbvoll ist, und wenn die anderen das Singen hören, kommen sie nach. Ein Problem ist, dass es in der hiesigen Dasanetsch-Sprache kaum Lieder gibt. Die wenigen, die in die Schule gehen und dort die Landessprache Kisuaheli lernen, sehen es als fortschrittlich an, Lieder in Kisuaheli zu singen.

Damit werden aber die anderen zu reinen Zuhörern. Es ist eine ähnliche Situation wie im westkenianischen Kerio-Tal, als unsere Missionare dort in den siebziger Jahren mühsam von Null anfangen mussten.

Gerade ist Ness hier, ein Amerikaner von der Bibelgesellschaft. Er leitet ein kleines Team von Übersetzern, die erstmals die Bibel in Dasanetsch übertragen sollen. Einer aus dem Team übersetzt auch die Texte aus dem Gottesdienst. Aber das ist natürlich eine recht zeitraubende Angelegenheit. Ness hat früher auch hier gewohnt, ist dann aber nach Kitale übergesiedelt, weil er hier ständig von seiner eigentlichen Arbeit abgehalten wurde. Ich kann das gut verstehen. Da es keine Krankenstation gibt, kommen die Leute jetzt ständig zu mir. Für normale Krankheiten wie Malaria, Durchfall, Würmer und Wunden bin auch ich ganz gut mit Medikamenten ausgerüstet. Wenn es um ernstere Erkrankungen geht, müssen die Leute nach North Horr fahren, oder sie leben einfach mit ihrer Krankheit.

Der Transport wäre eigentlich kein großes Problem, da es ja den See gibt. Auf der anderen Seeseite liegen größere Missionsstationen, wo man sich verarzten lassen kann. Und man kann dort auch die Teerstraße nach Lodwar erreichen, wo es ein richtiges Krankenhaus gibt. Aber die drei Boote, die die Leute hier haben, sind alle in einem sehr schlechten Zustand. Es gibt keine Handwerker, die wissen, wie man sie instand hält. Früher haben die Leute Einbäume verwendet, aber jetzt gibt es keine größeren Bäume mehr, aus denen man Boote machen könnte ...

Jetzt habe ich viel Allgemeines geschrieben, aber wenig über den Glauben. Die Menschen leben hier noch wie im Alten Testament zur Zeit von Abraham und Isaak. Sie sind offen für die Frohe Botschaft und suchen nach Fortschritt in ihrem Leben. Freilich muss alles in richtige Bahnen gelenkt werden. Eine Gefahr ist, dass sie alles zu sehr auf dem Präsentierteller vorgesetzt bekommen und so ihre Selbständigkeit verlieren. Es gehört zum christlichen Leben, dass wir soziale Hilfe leisten. Andererseits dürfen wir nicht vergessen, dass auch Christus sich über Jahre hinweg selbst als Schreiner den Lebensunterhalt verdient hat. Damit hat er der täglichen Arbeit etwas Göttliches verliehen. Wenn wir den Menschen hier helfen, dann auch so, dass ihr Verantwortungsbewusstsein zunimmt. So wie sich der Horizont um sie herum erweitert, so muss auch das Verantwortungsbewusstsein wachsen. Damit sind wir beim Kern der christlichen Botschaft: der Liebe zu Gott und zu seiner Schöpfung, für die er uns die Verantwortung übertragen hat. Wie das hier konkret verwirklicht werden kann, weiß ich selbst noch nicht. Eines ist mir jedoch klar: Aufgrund der heiklen ökologischen Situation hier im Norden Kenias hätte der Versuch, aus den Nomaden sesshafte Bauern zu machen, katastrophale Folgen.

Inzwischen konnte ich schon große Feste wie Ostern mit meiner Gemeinde feiern. Vorläufig bin ich allein hier. Anfang 2003 legen einige afrikanische Mitbrüder ihre Gelübde ab, von denen vielleicht einige hierher kommen. Euch alle bitte ich um Euer Gebet, damit die Botschaft Christi hier wirklich die Herzen der Menschen erreicht."

Den Wind einfangen

Am Anfang stand da ein Haus, ein sehr kleines, das praktisch nur aus einem Zimmer mit Wänden drum herum und einer Decke obendrüber bestand. Die Frage war, was soll damit geschehen? Reißen wir das kleine Haus ab, bauen wir ein neues an seiner Stelle auf? Erst als zwei Mitbrüder in Illeret dazu kamen, haben wir das größere Haus zum Schlafen genutzt, und das kleine Ein-Zimmer-Haus als Küche und Esszimmer. Dann haben wir begonnen, links anzubauen, Küche, Esszimmer, Wohnzimmer, zwei weitere Schlafzimmer, Duschen und Bad, wir haben also gar nichts abgerissen, sondern erweitert und dazwischen gebaut, sodass unser Einzug am Ende eigentlich ein Umzug war. Später wurden rechts fünf weitere Zimmer an die Station angebaut, und inzwischen hat der Gebäudekomplex eine U-Form. Dass Erweiterungen nötig werden würden, ist von Anfang an mit bedacht worden, man hat am Hang begonnen und kann, mit dem weiteren Anwachsen der Gemeinschaft, diesen Hang hinunter einfach weiter bauen. Grobe Pläne für die Zukunft gibt es schon, aber die Einzelheiten sollen jeweils dem angeglichen werden, was gerade erforderlich ist.

Den ältesten Teil des Gebäudes haben wir auf der Westseite mit einer Veranda erweitert. An der Nordseite sieht man den zuletzt angebauten Abschnitt mit seinen vielen Zimmern. Aus einem zentral gelegenen Raum haben wir einen Gang gemacht, der in zwei weitere Räume führt, in denen die Büros der Pfarrei untergebracht sind. Auf der Südseite befinden sich Küche, Wohnzimmer und Waschräume mit Duschen. In den vier Zimmern wohnen die Mitbrüder, zwei Zimmer sind für Gäste vorgesehen. Das Eckzimmer mit dem Außenzugang ist an Vétérinaires sans Frontières vermietet, die Tierärzte ohne Grenzen, die hier ihr Büro haben, weil in ihrem eigenen Center kein Stromanschluss für ihre Computer vorhanden ist.

Mein Zimmer, das meistens nicht besonders aufgeräumt aussieht, hat Fenster zu beiden Seiten hin, dafür bin ich sehr dankbar, denn der Wind kann schön durchwehen. So bleibt die Luft angenehm kühl, das ist wichtig, wenn draußen für gewöhnlich über 30 Grad herrschen. Den Wind einzufangen, kann sehr angenehm sein. Das Haus so in die Natur einzupassen, dass es in seinem Innern auf natürliche Weise kühl bleibt, darauf kommt es beim Bauen an. So spart man sich technischen Aufwand, den wir uns hier ohnehin nicht leisten könnten, und hat trotzdem ein angenehmes Wohnklima. Weil es in der Küche keinen Strom gibt, kochen wir mit Holz. Der Strom, den wir sonst brauchen, kommt von der Sonne, das ist die günstigere Alternative zu Gas, was auch möglich wäre, aber wesentlich umständlicher. Oft sind Gasflaschen gar nicht erhältlich, und wenn es sie gibt, muss man sie ja irgendwie transportieren. Holz gibt es genügend. Es ist zwar nicht so bequem wie mit Strom oder Gas zu kochen, aber es geht. Ich plane, den Herd so umzubauen, dass er etwas sparsamer im Verbrauch wird.

Hier leben wir also, wir Benediktiner, fünf an der Zahl: Bruder Vinzenz, Bruder Isaac, Bruder Viktor, Diakon Gabriel und ich. Mitbruder Diakon Gabriel ist erst seit Kurzem hier. Er steht uns in der pastoralen Arbeit zur Seite, und packt überall da mit an, wo es etwas zu tun gibt. Bruder Vinzenz ist gelernter Mechaniker und kümmert sich um die Autos und alle technischen Dinge hier in der Mission. Daneben wirkt er auch in der pastoralen Jugendarbeit mit. Das gilt mehr oder weniger für alle von uns, niemand ist nur und ausschließlich für einen Bereich zuständig, jeder macht vieles, so auch Bruder Isaac und Bruder Viktor, die in der allgemeinen Organisation helfen, aber auch als Fahrer für die Arbeit der Tierärzte ohne Grenzen fungieren, wenn Not am Mann ist.

Mitbewohner auf Zeit

Neben uns fünf Ordensmännern leben hier in Illeret noch ein paar junge Leute, mehr oder weniger mit uns. Zum Beispiel Hilary, ein Waisenjunge, der zurzeit die Sekundarschule besucht. Er hat eine ältere Schwester und etliche jüngere Geschwister, die zusammen wohnen, aber nicht hier bei uns. Hilary ist ein etwas schwieriger Charakter. Auf mich hört er, aber auch nicht immer. Während der Ferien lebt er bei uns, in der Schulzeit ist er in einem Internat. Dann sind da noch Joseph und John-David, zwei junge Männer, die erst sehr spät Gelegenheit bekamen, die Grundschule zu besuchen. Sie leben bei uns, nicht im Haupthaus, sondern im alten Gebäude. Sie sind zuverlässig und schauen in Zeiten, in denen niemand in der Mission ist, nach dem Rechten.

Dann sind da noch die zwei Kleinen, Tabier, Sohn vom alten Mse Tuala, der vom Alter her aber auch Tabiers Großvater sein könnte. Der Junge ist das erste Familienmitglied, das in die Schule geht. Der alte Tuala ist ein richtiger Nomade, hat mehrere Frauen und eine unüberschaubare Anzahl von Kindern, die älteren Söhne sind schon erwachsen. Für ein richtiges Nomadenkind ist die Schule nicht immer einfach. Disziplin, fixe Schulgehzeiten, all das muss eingehalten werden. Er ist ein paar Mal aus der Schule weggelaufen und wurde wieder zurückgebracht. Aber jetzt hat er es kapiert und geht sehr gerne, ist wissbegierig und lerneifrig. Sein Vater hat zugestimmt, dass Tabier in die Schule geht, und wir haben auch sehr dazu beigetragen, dass er in der Schule bleibt.

Und dann ist da noch Alex, auch ein Waisenkind, hat die Schule abgebrochen, lebt jetzt bei uns und unternimmt einen zweiten Versuch. Mit eher mäßigem Elan. Er tut nicht viel, hängt herum oder jobt wenigstens mal, aber er scheint seine Füße nicht auf den Boden zu kriegen, ist außerdem nicht ganz gesund. Seine Mutter ist an AIDS gestorben. Dass auch Alex infiziert ist, steht zu befürchten. Jetzt sieht er normal aus, aber lange Zeit hatte er einen aufgeblähten Bauch, war oft krank. Inzwischen geht es ihm relativ gut.

Solche Kinder gibt es viele in Illeret. Sie in die Missionsstation aufzunehmen oder gar ein Waisenhaus einzurichten, ist aber nicht unser Ziel. Wir bemühen uns, darauf hinzuwirken, dass sie in ihren Familien oder bei Verwandten verbleiben und diese für sie sorgen. Einzelne können wir schon aufnehmen, auf Zeit, sie werden mitversorgt, bis sie in einer Familie unterkommen. Das ist immer die bessere Lösung.

AIDS verhüten

HIV-Infektionen sind ein großes Problem hier in Illeret, und es ist ganz klar, von wo aus die Krankheit verbreitet wird, das muss einmal offen gesagt werden: die Polizeistation. Dort sind zwei Einheiten stationiert, die reguläre Polizei, ein paar Dutzend Männer, vorwiegend ältere, verheiratete Männer. Dann gibt es noch die GSU, die Special Unit, sie setzt sich zusammen aus ungefähr sechzig Männern, meist junge Rekruten, die gerade ihre Ausbildung beendet haben und noch unverheiratet sind. Sie führen nicht gerade das, was man ein keusches Leben nennen würde. Viele von ihnen werden für zwei, drei Jahre hierher versetzt, nehmen sich eine Frau, heiraten sie auch, aber die wenigsten nehmen sie mit. Die meisten lassen ihre Frauen einfach hier sitzen, sobald sie der Staat woanders hinschickt. Viele dieser jungen Frauen haben Kinder, eins oder mehrere, wovon sollen sie leben und ihre Kinder ernähren? Die einzige Möglichkeit, ihren Lebensunterhalt als Alleinerziehende zu verdienen, ist die Prostitution. So breitet AIDS sich aus. Auch die Dasanetsch, das Nomadenvolk hier im Norden Kenias, pflegen keine sehr abstinente Lebensform, haben oft mehrere Frauen, und AIDS verbreitet sich auch hier.

Über die Verwendung von Kondomen wird nicht viel diskutiert, manche verwenden sie, die meisten denken nicht daran. Die allgemeine Haltung der jungen Leute ist eher lax, vorehelicher Geschlechtsverkehr ist Usus, schon die Jungens aus den oberen Schulklassen nehmen sich ein Mädchen, eine Frau, und sie realisieren nicht, dass sie sich damit festlegen für ihren weiteren Lebensweg. Eine Ausbildung zu machen wird eben weitaus schwieriger, wenn man Frau und Kinder hat, wie soll man gleichzeitig eine Familie *und* eine Ausbildung finanzieren? Auf diese Weise vertun viele junge Männer die Chance, eine gute Ausbildung zu bekommen, sie denken einfach nicht rechtzeitig über die Konsequenzen nach.

Die päpstliche Politik in Rom stelle ich nicht in Frage. Grundsätzlich finde ich es richtig zu sagen, keine Verhütung, also auch keine Kondome. Denn worum geht es im Leben? Um die Suche nach der Heiligkeit. Aber wenn man angesichts der Situation zum Beispiel hier in Illeret sagt, schlecht wäre es nicht, ihre Verwendung zu predigen – dann können nur pharisäische Antworten dabei herauskommen. Rom kann gar nicht anders als gegen Kondome zu sprechen. Wer anders darüber denkt oder anderes will, der muss sich fragen, warum er etwas anderes will. Wer hindert ihn daran, etwas anderes zu wollen? Der Papst jedenfalls hindert niemanden. Diese Frage muss sich der einzelne stellen und die Entscheidung selber fällen: Warum will ich Kondome verwenden? Vielleicht, weil ich HIV-positiv bin und ich meine Frau nicht anstecken will. In diesem Fall ist es für den einzelnen absolut richtig, so zu entscheiden, seinem Gewissen zu folgen. Aber nur weil es für den Einzelnen so richtig ist, ist die Entscheidung des Papstes nicht falsch. Aber zu sagen, der Papst muss Kondome erlauben, weil ich viel Sex haben, aber die Folgen nicht tragen, also keine Kinder zeugen will, das geht meiner Auffassung nach nicht. Der Papst muss eine klare Linie vertreten. So gesehen gibt es keine andere, „wahrere" Politik.

Wir Menschen sind schwach, und oft muss sich der Einzelne zwischen dem größeren oder dem kleineren Übel entscheiden. Und wenn jemand eben schwach ist und sagt, ich kann mich nicht zurückhalten, aber ich hab schon fünf Kinder und ich weiß nicht, wie ich sie satt bekommen soll, ist es vielleicht doch besser, wenn er zum Kondom greift. Die Entscheidung des Papstes untergräbt das noch lange nicht.

Nicht alle Weißen sind Missionare

An Europäer und weiße Missionare sind die Menschen in Afrika gewöhnt und ihnen gegenüber positiv eingestellt, zumindest für die Gegenden, wo wir arbeiten, kann ich das sagen. Es gibt jedoch eine bestimmte Gruppe von weißen Nicht-Missionaren, denen man weniger gern begegnet, was sich jedoch nicht immer vermeiden lässt.

Von Zeit zu Zeit unternahm ich mit Ministranten Ausflüge, zuerst in der näheren Umgebung, dann immer weiter weg. Ein Ausflug, der bisher weiteste, führte uns nach Mombasa, dabei waren etwa 25 Ministranten. Ein großes Ereignis für sie, denn sie waren bisher kaum aus ihren Heimatorten herausgekommen.

Wir durften nach Absprache mit dem Bischof von Mombasa für einige Tage und Nächte in der zur Kathedrale gehörenden Pfarrhalle kampieren. Das war unser Basislager, von hier aus brachen wir zu Tagesausflügen in die Umgebung auf. Für einen Tag war die Besichtigung eines Zementwerks geplant, und der Besuch des Nature Trail, ein Naturreservat, das ein Schweizer Biologe im verwüsteten Gebiet um das Zementwerk herum angelegt hatte. Den Abschluss des Tages sollte ein Badeausflug ans Meer bilden.

Am selben Strand aber, an dem wir vorgehabt hatten zu baden, tummelten sich ältere, dickbäuchige weiße Herren mit jungen afrikanischen Mädchen. In Mombasa ist der Sextourismus weit verbreitet, und unseren Jungs war sofort klar, was am Strand ablief. Dennoch waren sie schockiert, sie kannten es nicht aus nächster Nähe. Diejenigen Männer mit weißer Hautfarbe, die sie bisher kennengelernt hatten, waren alle Missionare gewesen und die besten Christen. Das Idealbild, das sie von Weißen hatten, war auf einmal zusammengebrochen, und wir sprachen bis tief in die Nacht hinein über das Thema. Das mussten die Jungs erst einmal verwinden, dass nicht alle Weißen Priester und Schwestern sind.

Eine Art Kulturschock bekam ich, als ich für einen Monat vom Land in die Großstadt Nairobi kam, um einen Kisuaheli-Kurs zu besuchen. Ich musste jeden Tag mit dem Bus fahren, auf die andere Seite der Stadt. Entweder vormittags, das hieß, die Rush Hour in der Früh durchstehen, oder nachmittags, das bedeutete einen leichten Hinweg, aber auf dem Rückweg doch wieder: Rush Hour.

Nach Abschluss des Sprachkurses flog ich nach Deutschland, über Amsterdam. Dort angekommen, versuchte ich, einen Flug früher nach München zu nehmen. Aber es hieß, das sei nicht möglich, das Flugzeug sei voll. Ich wollte nicht locker lassen, sagte, da müsse doch noch ein Platz frei sein. Bis mir klar wurde: „voll" ist relativ. An einem Flughafen in Europa ist „voll" etwas anderes als im Busreiseverkehr in Afrika. Das zu erkennen, war für mich eine Art „umgekehrter" Kulturschock.

Meine Eltern und Geschwister wissen, dass ich die ersten Tage meines Urlaubs daheim immer in St. Ottilien verbringe. Dort habe ich Ruhe und kann mich akklimatisieren, mich in den „deutschen" Tagesrhythmus einfinden. Dann bin ich bereit und freue mich, die Familie zu sehen.

MOBILITÄT UND ENTWICKLUNG

Entwicklungshilfe hilft nicht immer

Über das Thema Entwicklungshilfe lieferte ich mir einmal während meines ersten Heimaturlaubs eine hitzige Debatte mit dem bayerischen Politiker Carl-Dieter Spranger. Spranger hatte einen durchaus guten, einleuchtenden Vortrag gehalten, in dem er argumentierte, das Wichtigste sei, die ländliche Bevölkerung darin zu unterstützen, auf eigenen Füßen zu stehen.

Zu dieser Zeit war in Nairobi ein großes Projekt angelaufen, das aber nie wirklich Erfolg zeitigte. Was in Südamerika durchgeführte Studien gezeigt hatten, bewies sich auch hier: Jeder Arbeitsplatz, den man in der Stadt neu schafft, zieht zehn Menschen an, die in der Hoffnung auf einen Arbeitsplatz vom Land in die Stadt wandern, oder Menschen, die bereits im Slum geendet sind, weil sich ihre Hoffnung nicht erfüllt hat.

Den angebotenen Arbeitsplatz aber kann nur einer von diesen zehn bekommen, die anderen neun gehen leer aus und landen bzw. bleiben in den Elendsvierteln. Jede günstige Unterkunft, die man in der Stadt anbietet, zieht gleichfalls zehn Menschen an. Nur einer von zehn kann diese Unterkunft beziehen, die anderen neun gehen leer aus und landen bzw. bleiben im Slum. So hat man am Ende nur erreicht, dass die Slums bevölkert werden – mit echter Entwicklungshilfe hat das rein gar nichts zu tun.

Dieses Ursache-Wirkungs-Dilemma stellte ich Spranger auf der sich seinem Vortrag anschließenden Podiumsdiskussion vor. Da startete der Politiker erst einmal einen Angriff auf die Missionare ganz allgemein, die immer Sozialprojekte forderten, in die endlos investiert werden müsse. Die Landwirtschaft ankurbeln, das sei die einzig wahre Lösung.

In der anschließenden Diskussion mischte ich mich wieder ein, sagte, die Landwirtschaft sei Teil der Weltwirtschaft und man brauche gerechtere Preise. Ein konkretes Beispiel dazu, das wir aus unserer Missionsarbeit kennen: Unsere Schulen in Kenia bekommen Rapsöl für das Schulspeisungsprogramm. Es wird aus Deutschland in solchen Mengen geliefert, dass die Schulen den Überhang an die Bevölkerung abgeben. Das heimische Sonnenblumenöl, das die Mission in handbetriebenen Mühlen gewinnt, kauft so gut wie niemand, weil zu viel europäisches Rapsöl auf dem Markt ist, das zudem wesentlich preiswerter zu haben ist.

Spranger meinte, die Weltmarktpreise seien gerechte Preise. Ich erwiderte: „Wenn sie gerecht sind, dann zahlen Sie doch mal jedem deutschen Bauern Weltmarktpreise für seine Produkte. Sie wissen ganz genau, dass Sie dann innerhalb eines Jahres in Deutschland keinen Bauern mehr haben werden, weil zu diesen Preisen niemand wirtschaften und überleben kann. Sie behaupten, die Weltmarktpreise seien gerecht, aber Sie fördern die deutschen Bauern. Und wenn in Afrika ein Lastwagen, ein Mercedes oder ein Computer aus Deutschland gebraucht wird, dann soll der volle Preis bezahlt werden, dafür gibt es keine Förderung. Wo ist da die Gerechtigkeit?"

Er redete herum, und am Ende kam er zu dem Schluss, Entwicklungshilfe fange zu Hause an. „Danke", meinte ich, „das war eine ehrliche Antwort. Dann weiß ich, woran wir sind." Darauf reagierte Herr Spranger sehr kleinlaut. Er hatte sich selbst ins Abseits gespielt.

Dass jedes Projekt, jede Entwicklung in der Stadt Menschen anzieht wie ein Magnet, an dem sie hängenbleiben, ohne sich eine solide Existenz aufbauen zu können, habe ich selbst oft genug mit angesehen. Nicht umsonst setze ich mich verstärkt für die Wirtschaft in den ländlichen Gebieten ein.

Den Wegzug der Jungen verhindern

Da ich in meinem ersten und zweiten Jahr im Kerio-Tal noch kein bis sehr wenig Kisuaheli sprach, konnte ich mich nur mit den Schülern unterhalten, die die englische Sprache beherrschten.

Viele von ihnen gingen nach Abschluss der Sekundarschule auf Arbeitssuche in die Stadt. Einer der ehemaligen Schüler, seine Geschichte kenne ich gut, und er steht stellvertretend für andere, machte sich auf nach Nairobi, fand aber keine feste Arbeit, immer nur Gelegenheitsjobs. Er wohnte bei einem Verwandten und bekam von ihm anfangs noch etwas Taschengeld, aber das Verhältnis kühlte sich mehr und mehr ab. In der kenianischen Kultur gibt es das nicht, dass man sagt, es reicht jetzt, ich kann dich nicht länger aushalten, das wäre undenkbar. Der Verwandte zog einfach aus, teilte auch nicht mit, wohin, er kam nur noch gelegentlich vorbei.

Nach zwei Monaten steht der Hausbesitzer vor der Tür und verlangt seine Miete. Der junge Mann kann ohne die Unterstützung des Verwandten den Betrag nicht zahlen und muss die Wohnung räumen. Das ist nicht unüblich, einer Studie zufolge wechseln 70 Prozent der Städter ihre Wohnung innerhalb eines Jahres. In der Zwischenzeit hatte er einige andere Leute kennengelernt und zog einfach zum nächsten, allerdings lag der neue Gastgeber eine Gehaltsstufe tiefer. Und so stieg er ab, Schritt für Schritt. Immer wieder einmal bekam er kleinere Jobs, aber nichts Festes, es reichte gerade, um sich über Wasser zu halten.

Er kam manchmal in die Pfarrei, um mich zu besuchen, nicht jedoch seine Familie. Er hatte eben kein Geld. Aber wenn hier jemand aus der Stadt zurückkommt, muss er schon etwas vorzuweisen haben, ein gemachter Mann sein. Ist ihm das nicht gelungen, fühlt er sich als Versager und lässt sich zukünftig nicht mehr zu Hause blicken.

Das so aus nächster Nähe mitzubekommen, war ein Schlüsselerlebnis für mich. Man muss verhindern, dass die Jungen weggehen, man muss ihnen zu Hause eine Zukunftsmöglichkeit geben, sie hier an einer Entwicklung mitarbeiten lassen. Daher rührt meine verstärkte Arbeit mit der Jugend in der Werkstatt. Das sind, wenn man so will, Programme zur Arbeitsbeschaffung mit dem Ziel, die Lokalwirtschaft anzukurbeln. Mit der Zeit ist es uns gelungen, im Kerio-Tal ein lokales Wirtschaftssystem zu schaffen. Die Werkstatt war der Ausgangspunkt, eine Schreinerei kam dazu, und so kam die Entwicklung in Gang.

Vor allem Eltern, deren Kinder die Sekundarschule besuchten, suchten hier Arbeit. Sie bekommen nur die Hälfte des Lohns ausbezahlt, die andere Hälfte ist das Schulgeld. So-

Die Werkstatt: Erste Hilfe für die Fahrzeuge und Chance für die Jugendlichen

lange die Schule im Aufbau war, gab es Arbeit. Betten, Tische, Stühle, Zäune, das alles wurde ja benötigt. Was immer wir in der Werkstatt herstellen konnten, das lieferten wir. Einmal im Monat setzten wir uns mit der Schulleitung zusammen und rechneten genau aus, wie viel Schulgeld wir für jeden Schüler aufbringen konnten. Was übrig blieb, wurde an die Eltern ausbezahlt.

Später erwarben wir einen kleinen uralten LKW, den die jungen Leute in Eigenregie in der Werkstatt warteten und pflegten. Die Anschaffungskosten zahlten sie in Form von Transportleistungen zurück. Nach zwei Jahren war ein neuer Motor fällig. Aus Deutschland bekam ich das Angebot von einem Bekannten, der ab und an Entwicklungsprojekte unterstützt, statt eines neuen Motors doch gleich einen neuen Lastwagen zu finanzieren, aber das hätte meiner Philosophie widersprochen.

Stellt man den jungen Burschen einen neuen LKW vor die Tür, lernen sie nicht, etwas auf die Seite zu legen für den Fall, dass der Wagen irgendwann kaputtgeht. Aber wenn sie gezwungen sind, den alten LKW immer wieder in Gang zu bringen, lernen sie zu sparen. Das leuchtete meinem Bekannten ein, und er beschränkte sich darauf, lediglich einen neuen Motor zu sponsern. So etwas bei der Finanzierung eines Projekts zu bedenken, kann wichtig sein. Die Lernprozesse, die so in Gang kommen, sind auf diese Weise oft von größerem Wert als die neuesten Gerätschaften.

Kein Viehverkauf ohne Transportmittel

Der LKW als Transportmittel hat hier in Illeret einen ganz zentralen Stellenwert, das ist den Leuten auch bewusst. Da die Viehbestände am Ort und in der Umgebung zu groß geworden waren, hat man auf Abhilfe gesonnen und ein neues Projekt ins Leben gerufen. Die Bestände sollten durch subventionierten Abverkauf reduziert werden, durch Abverkauf nach auswärts, nach Nairobi. Für den Transport brauchten sie Lastwagen, die für viel Geld gemietet werden mussten, drei Lastwagen fuhren im Pendelverkehr hin und her. Jeder Eigentümer nahm fünf bis zehn Ziegen pro Fahrt mit, verkaufte sie in der Stadt und konnte mit dem Geld gleich einkaufen gehen. Von der Logistik her ließen sich Leerfahrten nicht vermeiden, und das bei Kosten von 250.000 kenianischen Schilling, etwa 2500 Euro pro Fahrt, für zehn Lastwagen zweieinhalb Millionen Schilling, ein Vermögen! Da sind sie schon ins Grübeln gekommen und dachten sich, hätten wir eigene Lastwagen, dann fiele das Geschäft viel besser aus. Mit dem ersten Geld für die Wagenmiete hätten sie schon einen halben LKW finanzieren können.

Sie kamen zu mir, um sich Rat zu holen. Wir rechneten aus: Ein neuer Lastwagen kostet 5,2 Millionen Kenia-Schilling, auf Kredit sechs Millionen, Anzahlung zwei Millionen, monatliche Rate also 120.000 Schilling. Mit diesen Zahlen werden wir in Illeret prüfen, ob es möglich ist: Können wir zwei Millionen Schilling, also etwa 20.000 Euro, als Anzahlung aufbringen? Und um mehr als die Anzahlung soll es nicht gehen, da springen wir gerne ein, den Rest aber sollen sie selbst investieren. Beratend zur Seite werden wir ihnen gerne auch weiterhin stehen, aber um die finanzielle Hauptlast müssen sie sich selbst kümmern – dann werden sie auch gut achtgeben auf das Fahrzeug.

Alle zwei Wochen könnten sie dann eine Tour fahren, und die Mission würde alle nötigen Transporte ihnen übergeben, um ihnen eine kleine zusätzliche Einnahmequelle zu verschaffen.

Noch ein Rechenbeispiel: Mietet man einen Lastwagen, um von Nairobi nach Illeret zu fahren – eine Strecke

Jeep und LKW – unverzichtbare Verbindung zur Außenwelt

von 1000 Kilometern –, kostet das etwa 200.000 Schilling für zehn Tonnen Fracht, also etwa 2000 Euro. Dieser Preis richtet sich nach Etappen, hängt von der Länge und auch der Beschaffenheit der Straße ab. Der Transport für die „kurzen" 200 Kilometer von North Horr nach Illeret allein kostet schon 1000 Euro. Die Straße, die beide Orte verbindet, ist nämlich nicht nur schlecht, sondern geradezu unbefahrbar. Bleibt ein Lastwagen hier stecken, kann es passieren, dass er zwei Wochen liegen bleibt, weil kein anderes Auto vorbei kommt. In so einem Fall bleibt einem nichts anderes übrig als sich selbst zu helfen oder jemanden loszuschicken, der Hilfe holt – zu Fuß. Jeder LKW-Fahrer achtet deshalb vor Fahrtantritt darauf, dass er genügend Wasser und einen Vorrat an Essen sowie das nötige Kochgeschirr dabei hat.

Die kürzeste Strecke ist nicht immer die beste, außerdem nicht unbedingt die landschaftlich schönste. Wichtig ist, dass auch andere dort unterwegs sind, wenig Verkehr kann hier von großem Nachteil sein, denn dann ist man möglicherweise auf sich allein gestellt, wenn man liegen bleibt. Pannen, die unterwegs passieren, lassen sich meist recht leicht beheben, zum Beispiel kann man einen Nagel mit ein bisschen Plastik umwickeln und in die Bremsleitung hineinzwängen, und schon ist eine Radbremse ausgeschaltet. Man fährt dann halt mit dreien weiter, was auch geht. Umgekehrt funktioniert das auch, das hatten wir mal, drei Radbremsen ausgeschaltet, sodass wir nur noch auf einem Rad bremsen konnten. Stecken bleiben ist nicht so tragisch, irgendwann kommt schon jemand vorbei und zieht einen raus. Man sollte vorher informiert sein, wo man den Safari-Funk von North Horr bekommt, damit sich im Notfall telefonieren lässt.

Den eigenen Lastwagen selbst gestalten

In North Horr war es so, dass der erste Lastwagen überhaupt der Mission gehörte, inzwischen gibt es drei oder vier private Zehn-Tonner-Lastwagen, und in verschiedenen Außenstationen von North Horr, verstreut über die ganze Pfarrei, noch einmal eine ganze Reihe Wagen mehr.

Der LKW, den wir in unserer Mission zur Verfügung haben, ist längst im Herbst seines Lebens angekommen. Für sein Alter von 20 Jahren ist er noch recht gut beieinander, ein Allradwagen, prinzipiell sehr tauglich, aber Ersatzteile aufzutreiben wird immer schwieriger.

Ursprünglich war er als rollendes Krankenhaus samt Operationssaal in der Diözese unterwegs. Nachdem er sechs Jahre auf einer anderen Mission herumgestanden und nicht in Gebrauch gewesen war, sagte der Bischof zu uns, wenn ihr ihn herrichtet, könnt ihr ihn haben. Eigentlich war der Aufbau für unsere Zwecke ungeeignet, außerdem die Achse gebrochen, aber das ließ sich machen. Unsere Mechaniker haben es hingekriegt, bauten die Achse aus und reparierten sie. Dann machten wir uns an den Aufbau, in der Werkstatt in Tigoni, die Brüder machten alles selbst: nahmen den alten Kasten herunter, bauten einen neuen Rahmen auf. Er ist etwas größer als der vorherige Aufbau, robuster, speziell für den Viehtransport, auch den Transport von Kühen, geeignet. Hinten hat er eine große Tür, die sich herunterklappen lässt, sodass die Tiere wie über eine Laderampe bequem hoch- und runterlaufen können. Und diese große Tür hat wiederum eine Öffnung, die man als normale Tür öffnen kann, sodass nicht jedes Mal die große Tür heruntergelassen werden muss, wenn kleinere Tiere oder Dinge zu verladen sind. Oben am Gestänge könnten wir vielleicht noch einmal etwas umbauen, um uns das Transportieren und Verladen von den mit Diesel, Öl oder Petrol gefüllten Fässern zu erleichtern. Das wird sich recht schnell bewerkstelligen lassen, aber ob es sich auf Dauer lohnt? Der Wagen ist und bleibt schwer, ist relativ langsam und hat für unsere Zwecke noch immer zu wenig Kapazität. Dazu kommt, wie gesagt, das Problem mit den Ersatzteilen. Der Betrieb wird allmählich immer unrentabler.

Das Beladen eines Lastwagens muss mit Bedacht und System geschehen, denn es werden ja die verschiedensten Güter transportiert. Benzin, Blech für Dächer, Zement und dann die verschiedenen Essenswaren für die Tukas, die kleinen Geschäfte. Die Lebensmittel dürfen mit den Dieselfässern nicht in Berührung kommen, die Bleche müssen mit Karton oder etwas in der Art abgedeckt sein, damit sie nicht mit ihren scharfen Kanten die Mehl- und Zuckersäcke aufschneiden. Alles muss gut verstaut sein, damit während der Fahrt nichts durcheinander fliegt. Außerdem kommen die Mitfahrer noch dazu, es setzen sich also noch zehn bis zwanzig Personen obendrauf. Da heißt es noch einmal aufpassen, dass die Ware keinen Schaden nimmt.

Andere Lastwagen nehmen oft verschiedene Leute unterwegs mit, und da ist die Gefahr groß, dass etwas abgeladen wird, wo es nicht hingehört. Bei uns hingegen kommt alles richtig an.

Ein Großteil der Mitfahrer auf unserem Wagen sind Leute, die für die Gemeinschaft tätig sind. Bei der letzten Fahrt zum Beispiel waren es ein paar von den Leuten, die für das Schul- und Bank-Konto zuständig sind. Da ihnen diese Aufgabe erst kürzlich übertragen wurde, mussten sie auf die Bank, um ihre Unterschriften dort abzugeben. Drei andere mussten für ein neu einzurichtendes Bank-Konto für die Gemeinschaft heraufkommen. Die Regierung gibt

Beladen des Lastwagens auf dem Markt in Marsabit

Geld für die Kinder aus unterprivilegierten, armen Familien, für den Fall, dass sie sich die Schuluniform nicht leisten und deswegen nicht zur Schule gehen können. Von den Leuten, die für die Gemeinschaft arbeiten, nehmen wir kein Geld für die Fahrt. Von Leuten, die für ihr Business unterwegs sind, also rein für geschäftliche Zwecke, schon.

KONFLIKTE

Vieh stehlen und zurückholen

Stammeskonflikte beherrschen die Region. Der Grund für die Konflikte ist meistens Viehdiebstahl. Da sind zum Beispiel die Dasanetsch, deren Gebiet zwischen Illeret und dem Sibiloy-Nationalpark liegt. Genau besehen gehört auch der Nationalpark zum traditionellen Gebiet der Dasanetsch, und zwei Drittel des Stammes lebt in Äthiopien, über die Grenzen im Norden hinaus also. Daneben gibt es den Stamm der Gabras. Sie bevölkern zwar ein riesiges Gebiet, das zum Teil bis an die Wüste reicht, es herrscht Trockenheit dort. Selbst der See, der sich auf dem Gebiet befindet, ist ausgetrocknet. Er füllt sich nur zur Regenzeit, während der Trockenzeit kann man mit dem Wagen durchfahren. Hier liegt das Konfliktgebiet der beiden Stämme. Die Dasanetsch sind vor nicht allzu langer Zeit in das Niemandsgebiet südlich des Nationalparks gezogen, um ihre Herden zu weiden. Normalerweise dringen aber um diese Jahreszeit die Gabra bis dorthin vor, und diese fürchten jetzt, die Dasanetsch könnten mit den Turkanern, einem anderen Nomadenstamm, gemeinsame Sache machen und einen Überfall planen. Da man der Zuspitzung des Konfliktes vorbeugen möchte, hat man verschiedene Friedensbemühungen in Gang gebracht, seitens der Arbeit der Vétérinaires sans Frontièrs und von Äthiopien aus. Es wird versucht, die Dasanetsch, die Gabra und Turkaner und die anderen Stämme, die in diesen Gebieten leben, wie die Amorkocke und Borana, an einen Tisch zu bringen. Das ist nicht einfach. Die Verhandlungen gestalten sich zäh und sehr schwierig. Vor allem der Viehdiebstahl und die Rückgabe der Tiere an ihre rechtmäßigen Besitzer ist ein Thema. Auf der Polizeistation in Illeret zum Beispiel wartet seit einem Jahr eine Schar Kühe der Gabra darauf, gegen Kühe und Ziegen, die den Dasanetsch von den Gabra gestohlen wurden, ausgetauscht zu werden. Das zeigt doch sehr bildlich, wie wenig erfolgreich die Verhandlungen momentan laufen.

Konflikte, Überfälle, die kommen immer wieder vor, kleinere und größere. Einen großen Konflikt gab es zwischen Kobifora und Illeret, das ist schon mehr als zehn Jahre her, noch vor meiner Zeit hier. Damals lebten die Gabra weit über den Nationalpark verstreut. Es lief wie üblich: Die Gabra hatten ein paar Stück Vieh von den Dasanetsch gestohlen. Die Dasanetsch verlangten ihre Tiere zurück, drohten mit Konsequenzen. Durch diese „Konsequenzen" sind fast zwanzig Leute ums Leben gekommen, darunter auch Frauen und Kinder. Die Regierung griff ein, schickte der kleinen Polizeistation in Illeret, die mit sieben Mann besetzt war, Verstärkung. Plötzlich hatten wir hier Militärs vor Ort und Polizisten, und die sind bis heute hier stationiert.

Auf der Westseite des Turkana-Sees leben die Turkana, im südlichen Gebiet. Im Norden, in Äthiopien, die Dasanetsch. Weiter nordwestlich die Tobosa, das ist schon Südsudan. Am See und am Omo-Fluss entlang aber leben auch Dasanetsch.

Es gab in der Gegend einen alten, traditionellen Markt, der auf der Basis geldlosen Tauschhandels funktionierte, zwischen den Dasanetsch, die Viehzüchter und Ackerbauern sind und vor allem Hirse verkauften, und den Turkana, die überwiegend Viehzüchter sind. Aber der Tauschhandel wurde systematisch von Händlern aus Somalia unterlaufen, indem sie beiden Seiten Kredit beim Kauf von Waren gewährten. Irgendwann, der Tauschhandel war inzwischen völlig zum Erliegen gekommen, waren beide Seiten hoch verschuldet, und die Somalis verweigerten jede weitere Abgabe von Waren an sie. In der Not begannen die Dasanetsch und die Turkana sich gegenseitig das Vieh zu stehlen, um ihre Schulden bei den somalischen Händlern begleichen zu können. Der Konflikt war unvermeidlich, und die Somalis hatten das Wirtschaftsgeschehen vollends in der Hand. Vor etwa zwei Jahren, hatten die Turkana die Strategie der Somalis durchschaut und begannen sie zu vertreiben, indem sie deren Boote und Tukas, so heißen ihre kleinen Geschäfte, zerstörten. So kamen viele Somalis auf die Illeret-Seite des Sees. Selichio, der nächste Ort nach Illeret, ist voller Somalis.

Über zehn Jahre schwelten die Konflikte. Ich kenne die Vorgänge aus Erzählungen anderer Missionare. Somalis, von denen man nie weiß, ob sie aus Kenia oder Somalia kommen, gelten als sehr gute Geschäftsleute, stehen aber auch in dem Ruf, skrupellos zu sein.

Vor ein paar Jahren gab es einen Konflikt in Turbi entlang der Grenze zwischen den Stämmen Gabra und Borana. Wieder ging es um Viehdiebstahl, in einer Art Salami-Taktik, Stück für Stück haben die Gabra das Vieh weggeführt. Die Borana kamen von Äthiopien ins Land und holten die Tiere zurück. Auf Grenzmeetings mit kenianischen und äthiopischen Autoritäten, auch von der Regierung, gaben die Äthiopier sich sehr strikt, setzten ein Ultimatum, innerhalb einer Woche gibt jeder zurück, was er gestohlen hat. Den Kenianern war die Frist von einer Woche zu kurz, sie verlangten einen Monat. Schließlich einigte man sich auf zwei Wochen. Die Äthiopier kamen mit dem Vieh, übergaben es. Von Seiten der Kenianer gab es keine Tiere, nur Ausreden. Die Äthiopier fackelten nicht lange, sie sagten: Entweder die Tiere sind morgen hier, oder wir holen sie uns übermorgen bei euch ab. Dass es dabei nicht gewaltfrei zugehen würde, war jedem klar. So macht man das hier: wenn es anders nicht geht, dann eben mit Gewalt.

Nun waren aber auch die Borana mit der Geduld am

Ende und sehr aufgebracht. Erst hatten sie ihr Vieh an die Gabra verloren, hatten es mühsam zurückerobern müssen, jetzt verloren sie die Tiere an die Regierung – da sagten die Borana „enough is enough", genug ist genug, fielen in das Gebiet der Gabra ein und hinterließen ein Schlachtfeld. Dabei ging es längst nicht mehr um Viehdiebstahl, es ging nur noch darum, Leute umzubringen. Ganze Familien sind damals umgekommen.

Wer gibt schon freiwillig seine Waffe ab?

Weidegebiete und Wasser, darüber entbrennen die größten Konflikte. In Illeret gibt es von alters her nur einen Stamm, die Dasanetsch. Der Nationalpark gehört mit zu ihrem Weidegebiet. Zwei Drittel des Stammes leben auf äthiopischem Hoheitsgebiet. An der Westseite ist der Turkana-See, an der Ostseite und im Süden grenzt es an das Gabra-Gebiet und im Norden geht es nach Äthiopien hinüber. Im Nordosten grenzt es an Amrokocke neben dem Lake Tjubair, der See, der eigentlich kein See ist, nur bei Regenzeit.

Die meisten Konflikte gibt es mit den Gabra, die ein großes Gebiet gen Osten bevölkern. North Horr ist das Zentrum, bis zur Grenze hinauf ist alles Gabra-Gebiet. Die Gabra sind insofern benachteiligt, als sie von allen Stämmen das trockenste Gebiet haben. Ihr Vorteil ist, dass darin zwei große Missionsstationen liegen, North Horr und Maikona, beide vor etwa vierzig Jahren gegründet. So kommen die Gabra schon seit langer Zeit eher als andere Stämme in den Genuss einer guten Schulausbildung, konnten eher als andere die Hochschulen und Universitäten besuchen und stellen daher einen guten Prozentsatz in hohen Positionen in Regierung und Organisationen. Insbesondere, wenn Gabra in Konflikte verwickelt werden, ist das natürlich von

Vorteil, sie können auf Hilfe aus diesen Kreisen rechnen. Die Dasanetsch hingegen, die keine Leute in den einflussreichen Kreisen haben, gehen leer aus.

Wenn die Leute hier kämpfen, tun sie das nicht etwa mit Pfeil und Bogen, nein, sie sind sehr gut ausgerüstet mit modernem Gerät. Sie haben Gewehre, vor allem Kalaschnikows; die AK 47 ist das am meisten verbreitete Modell, zu achtzig oder mehr Prozent sogar in legalem Besitz. Sie gehören den so genannten Homeguards, ganz normalen Bürgern, die von der Regierung eine Uniform bekommen haben, einen Ausweis, ein Gewehr, um sich verteidigen zu können – und somit zur Reservepolizei gehören. Diese Einrichtung ist umstritten, es gibt Homeguards in allen kenianischen Stämmen, und zu Recht fragt man sich, was das für einen Sinn haben soll. An der Grenze zum Nachbarland wäre ihr Einsatz angebracht, aber doch nicht *innerhalb* eines Landes. Aus welchem Grund sollte sich ein Stamm gegen einen anderen Stamm verteidigen müssen? Das Gescheiteste wäre, sie allesamt zu entwaffnen. Aber das würde nicht konfliktfrei ablaufen. Kaum einer würde seine Waffe freiwillig abgeben, denn ihr Besitz ist inzwischen eine Frage des Prestiges. Wer eine Waffe hat, der gilt hier etwas. Wenn jemand in Nairobi nach der Nummer deines Mobiltelefons fragt und du hast keines, dann schaut man dich mit großen Augen an. Wenn hier ein junger Mann viele Ziegen hat, aber kein Gewehr, ist er genauso „unten durch". Äthiopien im Norden, Sudan im Nordwesten, über Turkana ist es nicht weit nach Somalia hinüber – das sind alles Konfliktstaaten. Von dort kommen die Waffen ins Land, die Grenzen sind so gut wie offen, der illegale Handel blüht, ob mit Waffen, ob mit Munition, der Nachschub hört nie auf. Offiziell weiß jedoch keiner davon, jeder tut, als hätte er noch nie davon gehört.

Stammeskonflikte sind lösbar

Eine bedauerliche Nebenwirkung der Schulbildung gibt es überall dort, wo nur ein Teil der Bevölkerung in ihren Genuss kommt: Es bildet sich eine Zwei-Klassen-Gesellschaft heraus, die Ungebildeten auf der einen, die Gebildeten auf der anderen Seite. Dadurch werden die Leute zwangsläufig von ihrem traditionellen Leben entfremdet, denn wer eine gute Schulausbildung bekommen hat, wird kaum in sein angestammtes Gebiet zurückgehen.

Schulausbildung ist immer auf ein sesshaftes Leben ausgerichtet, nicht auf das eines Nomaden. Das birgt auch wieder Konfliktpotential. Die sesshaften Gabra beispielsweise leben an festen Orten, in Zentren, und setzen auf Business, auf Handel. Sie verfügen über Geld und die nötigen geschäftlichen Verbindungen. Die Nomaden sind diejenigen, die kein Geld haben, sie zahlen mit ihren Tieren. So werden die nomadisch lebenden Gabra von ihren eigenen, sesshaft lebenden Stammesbrüdern ausgenommen. Wenn sie etwas brauchen, geben sie ein Stück Vieh in Zahlung zu einem Preis, der oft nur halb so hoch ist wie es angemessen wäre. Die Waren des täglichen Bedarfs, die sie benötigen, Reis, Mais, aber auch Batterien für die Taschenlampen, haben feste Preise, über den Preis von Ziegen aber wird verhandelt, und da schlägt der Händler seinen Vorteil heraus.

Jeder Nomade möchte sein eigenes Vieh besitzen, das liegt nun einmal in der Mentalität der Nomaden. Wer keines hat, der stiehlt sich welches zusammen, hier und da. Vielleicht hat er irgendwo einen Bruder, der Vieh zu hüten hat, dem bringt er die gestohlenen Tiere, gibt sie als seine eigenen aus und bittet den Bruder, sie mitzuhüten. Der eigentliche Eigentümer hat keine Chance mehr, sein Vieh wiederzufinden.

Auch wenn das nur im kleinen Rahmen so gehandhabt wird, summieren sich die Vorfälle natürlich und schüren den Hass auf die Gabra ungemein. Irgendwann entlädt er sich, die Bestohlenen tun sich zusammen und holen ihre Vieh mit Gewalt zurück, nehmen einfach eine große Herde mit. Diese Herde aber gehört ja nicht dem, der sie hütet, sondern dem Boss im Center, und der wiederum hat Verbindungen zur Regierung in Nairobi, und der Überfall bleibt nicht ohne öffentliche Wahrnehmung. Im Fernsehen, in der Zeitung wird dann groß über die Tat berichtet, aber die Hintergründe, die Anbahnung des komplexen Konfliktes und wie man die Sache lösen könnte, das interessiert niemanden.

Meiner Ansicht nach wären die Stammeskonflikte lösbar. Es ist eine Frage der Gerechtigkeit, und damit auch der Korruption. Die Politik wird auf Landesebene betrieben, nicht auf der Ebene der Stämme. Jemand, der in die Politik hineingeht, tut das zunächst einmal, um für sich selbst etwas zu erreichen. In zweiter Linie will er etwas für seine Leute tun, auch mit dem Hintergedanken, seine eigene Position zu stärken. Würde Politik aus dem Motiv heraus betrieben, für das ganze Land eine gute Entwicklung zu erreichen, fiele die Stammesfrage auch nicht so sehr ins Gewicht.

So aber gibt es hier Entwicklung, dort überhaupt keine. Im Norden Kenias zum Beispiel ist nicht ein Meter Straße geteert! Von Isiolo bis nach Mondiala führt lediglich eine Schotterstraße, die nur aus Wellen besteht, sie ist furchtbar zu befahren, kaum ein Auto bleibt unbeschädigt – eine Schande für Kenia. Die Straßen im viel ärmeren Äthiopien hingegen sind geteert, und zwar bis zur kenianischen Grenze.

Überfälle

Es gab vereinzelt Überfälle auf die Mission, das ist hier nichts Besonderes. Die Angreifer tun sich in Gruppen zusammen, einmal war es eine Gruppe von sieben Leuten, die zuvor schon die Nachbarmission ausgeraubt hatten. Sofort sind uns die Nachbarn zu Hilfe geeilt, aber die Angreifer hatten schon das Weite gesucht. Wir haben sie vergeblich verfolgt, klingelten um drei Uhr nachts den District Commissioner in Iten aus dem Bett, schalteten die Polizei ein, die Nachforschungen anstellte, und tatsächlich, die Übeltäter wurden gestellt. Es war eine Bande, die schon einige Überfälle in der Gegend verübt hatte. Verraten haben uns das übrigens lauter kleine Münzen – das Klingelbeutelgeld von Aror.

Auch ich wurde einmal Opfer eines Überfalls. Das war Anfang des Jahres 1988, ich sollte die Pfarrei in Nairobi verlassen, um Pater Lukas in Jesen im Hochland Kerio-Tal zu vertreten. Nach einer kleinen Abschiedsfeier begleiteten zwei Mitbrüder und ich ein paar Jugendliche auf ihrem Weg zu ihrer Unterkunft. Da wurden wir überfallen. Die Täter hielten uns für Hausbesitzer, die Mietzahlungen eintrieben – keine ganz abwegige Annahme, denn es war üblich, das Geld nachts einzusammeln, weil die Mieter tagsüber nicht zu Hause anzutreffen waren. Ein Irrtum war es trotzdem. Viel Geld konnten sie uns nicht abnehmen, dafür die Uhren und das Auto, das schon am nächsten Tag wieder aufgefunden wurde. So etwas kommt oft vor, sie stehlen ein Auto, verüben weitere Diebstähle, und bevor jemand den Verlust des Autos meldet, stellen sie es irgendwo ab.

Einen ernsteren Ausgang fand ein anderer Überfall in New Key. Opfer war Peter, unser Vermieter, der damals viele Gäste beherbergte. Wir waren mit einem Entwicklungshelfer dort, gerade vom Mount Kenia heruntergekommen. Als wir aus dem Nebenhaus verdächtige Geräusche hörten, stürmten wir mit Indianergeheul hinein, und das tat seine Wirkung, die Diebe rannten davon, weil sie bei unserem Gebrüll nicht einschätzen konnten, wie viele wir waren.

Draußen fanden wir Peter, der übel zusammengeschlagen worden war. Als wir uns gerade daran machten, ihn zu verarzten, griffen die Diebe erneut an und schlugen die Türe ein. Wir rannten durch die Hintertür hinaus und versteckten uns im Busch. George versuchte mit dem Auto das Grundstück zu verlassen, musste aber am Tor stoppen, weil es verschlossen war. Als diese Kriminellen sahen, dass er alleine im Auto saß, warfen sie ihm mit Steinen die Scheiben ein. George fuhr Schlangenlinien über das Grundstück, um keinen Stein abzukriegen, aber es nützte nicht viel. Erst, als er an die Fischteiche gelangt und mit dem Auto in den Busch gerast und so außer Sichtweite war, ließen sie von ihm ab. So ist der Vorfall doch noch einigermaßen glimpflich ausgegangen.

Schon als Kind fest im Sattel: Mit 5 Jahren auf dem Pferdehof der Familie

Ganz vorne mit dabei: Als Ministrant (vorne links) bei der Frohnleichnamsprozession auf der Seepromenade in Starnberg

Das Benediktinerkloster St. Ottilien mit der großen Abteikirche – Heimatkloster für zahlreiche Mönche auf der ganzen Welt

Tüftler Pater Florian zusammen mit Bruder Erich, der 1984 bis 2005 in Tigoni tätig war. Das Auto war eine Konstruktion aus Altfahrzeugen und leistete jahrelang im Eldoret-Gebiet treue Dienste.

Vier Wände und ein Dach –
beim Ausbau der Missionsstation in Illeret

Treuer Weggefährte in allen Situationen:
Der Landrover von Pater Florian

KYS 509

Pater Florian in der Missionsstation von Illeret bei der Planung der Fahrtroute zu den Nomadenvölkern

Blickwechsel – eines der Kinder, die in der Station ein Zuhause gefunden haben

Sonntagsgottesdienst in der Kirche von Illeret: Pater Florian im Messgewand aus der Region

Illeret am Ostersonntag: In einer Prozession bringen die Menschen die Osterfreude ausgelassen zum Ausdruck.

Pater Florian im Gespräch mit den Einheimischen – er schlichtet bei den Konflikten unter den Nomadenvölkern in der Region und verwirklicht Konzepte für eine friedliche Zusammenarbeit.

Illeret im Sonnenaufgang – am Horizont: der Turkana-See

HAUSHALTEN

Vieh wird hier nicht gezählt, sondern „gemerkt"

Die Nomaden haben oft große Viehherden, mehrere hundert Stück, die sie gar nicht selber hüten. Dafür nehmen sie junge Leute, die gezwungen sind, für andere zu arbeiten, etwa, weil ihre Familien ihr Vieh und somit ihre Lebensgrundlage verloren haben. Weil diese jungen Leute üblicherweise ohne Bildung sind, ist Viehhüten die einzige Arbeit, die sich anbietet: unbezahlt, sie bekommen keinen Lohn. Lediglich die Milch der Ziegen, die der Viehhirte hütet, gehört ihm. Die Milch darf er verkaufen, nicht aber das Vieh. Ab und an darf er ein Stück schlachten, um sich zu ernähren, aber verkaufen darf er selber nichts. Wenn die Preise in Nairobi gut sind, kommt der Eigentümer mit dem Lastwagen und transportiert einen Teil der Tiere ab.

Die Tiere werden in Mlangos „gezählt", ein Wort, das eigentlich „Tür" bedeutet. Ein Mlango kann hundert bis hundertfünfzig Ziegen umfassen. Das ist die Anzahl an Tieren, die ein Hirte im Auge behalten kann, wenn sie sich auf der Weide bewegen. Ein Sevalga, ein Familienoberhaupt, besitzt mehrere Mlangos, die üblicherweise über die Gegend verteilt sind. Alle Tiere, auch die seiner Söhne, gehören ihm. Das ist streng patriarchalisch geregelt, die Söhne passen auf die ihnen zugewiesenen Tiere auf, besitzen sie aber nicht. Der Alte, der Mse, auch wenn er sie den Söhnen offiziell übergeben hat, behält die Verfügungsgewalt über die Tiere bis zu seinem Tod. Neben dem, was dem Mse gehört, haben die Söhne aber auch ihr eigenes Vieh, jeder von ihnen bekommt sehr früh ein, zwei weibliche Ziegen vom Mse, um sich seine eigene Herde aufbauen zu können.

Zusätzlich zu den Tieren, die der Sevalga seinen Söhnen anvertraut, gibt er weitere Tiere jemandem außerhalb der Familie in Obhut. Das ist ein Versicherungssystem, denn wenn in einer seiner Herden eine Seuche ausbricht oder sie gestohlen werden, hat er immer noch eine eiserne Reserve, auf die er zurückgreifen kann. Das ist ein wirksamer Schutz gegen den völligen Ruin. Natürlich muss der Sevalga seine auswärts eingestellten Tiere genauso kennen wie die anderen, muss sie von Zeit zu Zeit besuchen, vor allem den Nachwuchs begutachten. Alle Tiere werden gesehen und „gemerkt".

Verkaufen, wenn die Kühe fett sind

Die Viehzüchter wollen so viele Tiere besitzen wie möglich. Ihr Vieh ist ihre Bank, aber leider eine Bank, die sehr schlechten Kredit gibt. Vermehren tut es sich von selbst, aber dann kommt die Trockenzeit, und 40 bis 50 Prozent des Bestands gehen ein. Die Natur setzt sich durch, auf Überweidung folgt eine Dürre, die Herde verkleinert sich, die Weiden können sich erholen. Nur, wenn man diesen Gesetzen folgt, kann man einen Gewinn erzielen. Dazu ist aber die Einsicht nötig, dass es ohne Bankwesen nicht geht. Das wirtschaftliche Denken muss man den Leuten erst vermitteln: Zu verkaufen, wenn die Tiere gut genährt sind und einen guten Preis einbringen, und das eingenommene Geld auf die hohe Kante legen. Erst dann zu verkaufen, wenn man Geld braucht, ist meist ein Verlustgeschäft. Denn Geld brauchen die Viehhalter üblicherweise in der Trockenzeit, wenn die Tiere nicht genug Milch geben, weil sie aufgrund des Futtermangels abgemagert sind. Um Mais, Bohnen und andere Lebensmittel einkaufen zu können, ist der Viehhalter, wenn er nicht vorausschauend gewirtschaftet und kein Geld gespart hat, gezwungen, das Vieh zu verkaufen, gerade dann, wenn er am wenigsten dafür bekommt. Im Grunde will er dann auch nicht verkaufen, eben weil er nichts dafür bekommt. Und in der nachfolgenden Regenzeit erst recht nicht, weil das Vieh dann gesund und gut genährt ist, genügend Milch gibt und Geld somit nicht so dringend benötigt wird. Es ist eine Art Zirkelschluss, der nur zu durchbrechen ist, wenn die Leute einsehen, dass in einer Bank ihr Geld sicher ist, dass sie es dort hinterlegen können, bis sie es brauchen oder anderweitig investieren können. Am Ende der Regenzeit, wenn die Tiere gesund und gut genährt sind, gilt es zu verkaufen, den Bestand radikal zu reduzieren, bevor alles kahl gefressen ist und der Bestand sich in der Trockenzeit von selbst reduziert, weil die Tiere verenden. Im Grunde sind diese Zusammenhänge nicht schwer zu verstehen, aber die Leute sind bisher nicht damit vertraut. Man darf nicht aufgeben, ihnen das nahezubringen, weil sie nur so ihre Existenz dauerhaft sichern können. Das ist unser Ziel.

Jetzt, zu Anfang der Regenzeit, sind die Ziegen und Kühe nicht gut beieinander, sie sind ausgezehrt nach der langen Trockenzeit und nicht transportfähig. Der Fisch hingegen, den die Leute im See fangen und an Land trocknen, muss jetzt transportiert werden, weil er in der feuchten Luft der Regenzeit verdirbt. Auch das muss sich langsam einspielen, wir werden sehen, wie es weiter läuft. Dazu aber später mehr.

Damit das Geld vor Ort ankommt

Ein Dauerbrenner unter den Problemen sind und bleiben die Transportwege, die Straßen. Schlechte Straßen sind zum Schaden der Autos, der Lastwägen und Maschinen. Es gilt, die Zuständigen im Distrikt immer wieder anzufragen, wie steht es mit Reparaturen, mit Ausbesserungen, wann wird etwas unternommen? An vielen Stellen ließe sich mit wenig Materialeinsatz etwas machen und die Leute vor Ort zum

Mithelfen zu animieren, Arbeitskraft ist ja vorhanden. Unser Vorschlag ist immer wieder, sehr einfach und eingängig: mehr Leute, weniger Maschinen. Im Government verfährt man leider umgekehrt, große Maschinen rollen an, die alles in einem Rutsch erledigen und wieder abziehen. Das Ergebnis kann sich ja auch durchaus sehen lassen. Für etwa einen Monat. Sobald ein kräftiger Regen kommt, weicht die Straße auf und wird einfach weggeschwemmt. Man kann immer nur hoffen, dass sich das Material auf der Straße festigen kann, bevor der Regen kommt. Würde man anstelle der Maschinen Menschenkraft einsetzen, könnte man viel kleinteiliger, dosierter an der Straße arbeiten, den Aufbau dauerhafter anlegen, und die Gefahr, dass das Wasser alles davon trägt, wäre wesentlich geringer.

Ein intaktes Straßennetz und Kommunikation sind Grundvoraussetzung für jede wirtschaftliche Entwicklung, das wussten schon die alten Römer, die nicht umsonst den Straßenbau so eifrig vorangetrieben haben. Straßen bringen die Gebiete einander näher, Handel wird möglich, das gilt auch für Kenia. Man denkt immer, da oben im Norden gibt es nichts, da ist ja nur Wüste. Dabei kommt das Fleisch, das in Nairobi gegessen wird, von dort. Das heißt, das Fleisch der Tiere, die nicht auf der langen Reise bis in die Stadt verenden, weil der Weg zu beschwerlich, die Straßen zu schlecht sind, sodass die Tiere den Transport nicht überleben. So verschlechtern die miserablen Straßenverhältnisse die Transportbedingungen, treiben die Fleischpreise in die Höhe.

Wenn wir anständige Straßen hätten, ein gut ausgebautes Straßennetz, würde der Transport von Nairobi nach Illeret vielleicht 700 Euro kosten – und nicht 2000, wie heute. Die Nomaden würden bessere Preise für ihre Tiere erzielen und so weiter. Es beginnt immer beim Verbindungsnetz,

Beim Reparieren eines platten Reifens

bei den Straßen. Man ist oft geneigt zu denken, Wasser sei das größte Problem. Ja, Wasser ist ein Problem, lokal besehen. Aber die Leute leben hier seit Generationen, sie sind vertraut mit dem Problem des Wassermangels, damit kommen sie zurecht. Freilich, man könnte sie ja auch leben lassen wie vor hunderten von Jahren. Dann sollte die Regierung aber alles zurückziehen, auch wir sollten gehen und die Leute ihrem Schicksal überlassen. Mit der Folge, das die Kindersterblichkeit wieder anwächst, Seuchen wieder um sich greifen, Stammesfehden zunehmen und diese Dinge. Aber die Bevölkerung wächst, expandiert. Wir können einfach nicht sagen: Lasst sie doch so leben, wie sie immer gelebt haben, bevor die moderne Zeit angebrochen ist, es gibt kein Zurück. Wer wollte in Deutschland, in Europa, in Amerika so leben wie vor hundert Jahren? Niemand, nicht ernsthaft. Die Entwicklung ist nicht aufzuhalten, man muss mit ihr Schritt halten, sie in möglichst geordnete Bahnen lenken, ihr eine sinnvolle Richtung geben. Und dabei das Ganze nicht aus den Augen verlieren, nicht nur ein Einzelproblem sehen, nicht nur eine Familie, einen Stamm, nicht nur einen Distrikt. Die Menschen müssen beteiligt sein, sich mit einbezogen fühlen. Die Missionen machen viel, sie haben einen großen Einfluss. Aber Missionen alleine reichen nicht.

Mit wenig Geld möglichst viel erreichen

Die ideale Entwicklungspolitik kann es nicht geben, und somit ist es immer sehr heikel zu sagen, wie Entwicklungshilfe aussehen soll, wie man sie gerne hätte. So gut wie nie aber ist es sinnvoll, unbedingt Gutes tun zu wollen und dieses und jenes zu finanzieren. Das muss gut überlegt sein, darf nicht blind geschehen. Als Faustformel kann gelten: Je höher der Geldbetrag und je weiter entfernt der Geldgeber vom Projekt, desto weniger kommt vor Ort an. Umgekehrt haben diejenigen Projekte, die vor Ort gemanagt werden, den größten Impact, das heißt, es kommt am meisten dabei heraus.

Das ist der Vorteil der Kirche als Geldgeber. Die Spender sitzen zwar hier auch nicht wesentlich ortsnäher, aber sie können Vertrauen in die Menschen setzen, die vor Ort arbeiten. Sie sagen: Hier gebe ich dir Geld, mach damit, was du für richtig hältst. So lässt sich arbeiten! Denn dadurch haben wir die größte Freiheit, können das Geld dorthin leiten, wo es am notwendigsten gebraucht wird. Und so können wir auch mit relativ wenig Geld viel erreichen. Dazu braucht es nicht viel Verwaltung, die ja auch immer finanziert werden muss, keine großen Planungsphasen, die Geld verschlingen, nein, auf dem Weg zum Projekt geht auf diese Weise am wenigsten Geld verloren, und der Geldgeber sieht sich in dem Vertrauen, dass er auf uns gesetzt hat, bestätigt.

Nehmen wir ein konkretes Beispiel, ein Projekt der Tierärzte ohne Grenzen. Dieses Projekt, initiiert und finanziert von Deutschland aus, läuft seit einem Jahr. Sechs Leute sind in Illeret vor Ort, und auch in Nairobi befindet sich ein großes Büro. Sie verfolgen ja eigentlich ein gutes Anliegen, dagegen habe ich überhaupt nichts einzuwenden. Dennoch stellt der Verwaltungsaufwand die Herausforderung bei einem Projekt dar, und da lässt sich immer optimieren. Ich möchte keine Konkurrenzsituation herstellen, wir sind schließlich keine Tierärzte, aber wir können mit unserer Arbeitsweise und Organisationsform für viel weniger Geld viel mehr erreichen. Allerdings, das muss ich hinzufügen, wir arbeiten langsamer, wesentlich langsamer. Was uns hier keineswegs zum Nachteil gereicht, denn die Menschen hier sind ebenfalls bedächtig, ohne Eile. So bewahrt man sich den Spielraum, kann Dinge wachsen lassen. Eine Gesellschaft muss wachsen können – wie ja auch der Mensch wächst von der Geburt bis zu seinem Ende. Bei zeitlich befristeten Projekten besteht immer die Gefahr, dass der Geldgeber eine Zielvorgabe gesetzt hat, die erreicht werden soll, womöglich noch in einer bestimmten Frist. Am Ende ist das Ziel erreicht, aber diejenigen, die davon hätten profitieren sollen, hat man irgendwo auf dem Weg verloren, denn man hat ihnen nicht die Zeit zum Hineinwachsen gegeben.

Finanziell gesehen sind wir in Illeret allein auf Spenden angewiesen, wir haben kein Budget oder etwas in der Art, bekommen auch kein Geld für den Unterhalt. Aus Tigoni, der „Zentrale", erhalten wir nichts außer den Spenden, die speziell für Illeret gegeben werden, vor allem aus Deutschland und Österreich. Ab und zu treffen Sachspenden ein, beispielsweise von unserer Pfarrei in Nairobi, auch Essen, wenn extreme Dürre bei uns herrscht, vor allem Mehl und Mais, manchmal ist auch Kleidung dabei.

Der Aus- und Aufbau unserer Mission aber funktioniert nur auf der Basis der Spenden aus Europa. Wie wir den organisieren, bleibt uns überlassen.

Der Großteil der Spendeneinnahmen läuft über mich, nicht über mich privat, sondern über das Mutterhaus im oberbayerischen St. Ottilien. Das Kloster St. Ottilien hat die Prokura der Kongregation, das heißt, dort werden die Bankkonten allgemein verwaltet. Alle Spenden, die eingehen, werden sachbezogen aufgeführt. Beträge, die mit dem Vermerk „Pater Florian OSB 178" eingehen, werden auf ein spezielles Konto überwiesen. Von dort kann ich es abrufen und für hier verwenden. Dadurch, dass die Verwaltung in den Händen der Mitbrüder in St. Ottilien liegt, fallen keine administrativen Kosten an.

Alle Spenden kommen von Privatleuten, von Menschen aus meinem Freundes- und Bekanntenkreis, die meine Arbeit unterstützen möchten, von meiner Familie. Zunehmend spenden aber auch andere Menschen, die von unserer Arbeit gehört oder in der Missionszeitschrift darüber gelesen haben und ihren Beitrag dazu leisten wollen.

Dennoch, ausschließlich auf Spenden angewiesen zu sein, ist immer eine heikle Sache. Für die Zukunft, das ist mein Ziel, müssen wir uns etwas aufbauen, um uns eigenständig erhalten zu können. Wirtschaftlich unabhängiger werden, auch die seelsorgerische Arbeit nicht vernachlässigen. Das ist nicht so einfach hier, über tausend Kilometer von Nairobi entfernt, davon achthundert Kilometer schlechte Straße. Je näher man Illeret kommt, desto schlechter wird die Straße ...

Die Hungerhilfe ist zuverlässig – leider

Kriege und Konflikte hat es immer und überall gegeben. Vielfach werden politische Streitfragen durch wirtschaftliche Zielsetzungen verschärft und umgekehrt. Der große Unterschied zwischen Afrika und Europa ist meiner Ansicht nach, dass Europa sich selbständig entwickeln konnte, nicht auf Entwicklungshilfe angewiesen war, zumindest nicht in dem Sinne wie die Länder Afrikas. Entwicklungshilfe, die Mechanismen der Weltwirtschaft, das bedeutet immer auch Manipulation. Nehmen wir die Dasanetsch: Das Turkana-See-Delta ist meines Wissens das größte Binnensee-Delta der Welt. Der Omo-Fluss führt Süßwasser und landet Erde an, sodass im Delta ganzjährig Ackerbau möglich wäre. Aber man baut nicht ganzjährig an, und warum nicht? Weil die Hungerhilfe Lebensmittel liefert, und wenn man etwas umsonst bekommt, warum sollte man sich die Mühe machen und selbst die Hacke zur Hand nehmen?

Im restlichen Land ist bis auf wenige Ausnahmen Ackerbau nicht möglich, einfach aufgrund der klimatischen und geographischen Bedingungen. Nahrungsmittel werden eingeführt oder eingetauscht. Wären die Menschen auf ihre eigene Hände Arbeit angewiesen, wären die Stämme gezwungen, sich untereinander zu einigen, aber so haben sie das nicht nötig. Die Hungerhilfe ist zuverlässig – leider.

Regelmäßig treffen in Illeret drei Lastwagen pro Monat ein, früher waren es mehr als doppelt so viele. In vielen Bereichen ist die Hungerhilfe ein nicht zu vernachlässigender wirtschaftlicher Faktor, auslandsfinanziert, die Transporte gut bezahlt, das schürt mitunter die Aggressionen. Vernünftiger wäre es doch, nachdem die lokale Wirtschaft ausgeblutet ist, etwas Eigenständiges aufzubauen, mit Anschubhilfe und gleichzeitigem Abbau der Hilfslieferungen.

Doch ob das im Sinne der Organisationen ist, ist die Frage. Das Rote Kreuz zum Beispiel hat eine Riesenmannschaft hier, und das Letzte, was die wollen, ist der Abbau ihrer Hilfsleistungen, weil sie damit Arbeitsplätze und Einkommen verlieren würden. Sie wollen, dass alles beim Alten bleibt, dass alles weitergeführt wird wie bisher.

Die Menschen im Norden können ohne Hungerhilfe, ohne regelmäßige Nahrungsmittellieferungen, die von verschiedenen Organisationen, aber auch über die Regierung geleistet werden, nicht überleben. Der Norden ist ein einziges Hungergebiet. Ein Hauptproblem sind unsere Straßen. Der ganze Norden ist degradiert zum Hungergebiet. Jeder Sack Mais, jeder Sack Bohnen und jede Flasche Öl ist absolut notwendig. Was ich mich aber frage: Warum wird das alles umsonst ausgegeben? Die Leute sind da, Arbeit haben sie nicht. Sie könnten durchaus etwas tun, auch, wenn es nicht viel ist. Es geht nicht darum, die Hungerhilfe abzuschaffen, es geht nicht ohne sie – alles andere wäre illusorisch. Aber sie sollte auf eine andere Basis gestellt werden, nach der Devise „Food For Work" laufen, also Essen für Arbeit. Nahrungsmittel würden dann nicht einfach frei ausgegeben, man erhält sie nur nach Gegenleistung, nach Ableistung von Arbeitsstunden im Straßen- und Schulbau, in Wasser-Projekten, also in den Bereichen, in denen Verbesserungen direkt der Gesamtgemeinschaft zugute kommen.

Auf der offiziellen Rot-Kreuz-Liste stehen als Empfänger der Hungerhilfe die „Needy Persons", die Bedürftigen. Das steht auf den Listen aber nur pro forma. In Wirklichkeit werden die Lebensmittel nach dem Gießkannenprinzip verteilt, breit gefächert an alle – denn natürlich behaupten alle, bedürftig zu sein, kein Geld zu haben, um sich Essen zu kaufen. Allzu oft stimmt das sogar: Selbst jemand, der achthundert Kühe besitzt, kann Geldsorgen haben, wenn er sie nirgends verkaufen kann. Wo kein Markt für Kühe ist, kann mit ihnen auch kein Geld verdient werden.

Allein im Straßenbau wäre so viel zu tun. Dazu braucht es ja nicht unbedingt schweres Gerät wie Erdaushubmaschinen oder Derartiges. Schaufeln, Hacken, Schubkarren und viele Arbeiter, so könnte man es auch bewerkstelligen. Ein Traktor mit Anhänger oder ein kleiner Lastwagen, so könnte man anfangen. Das Problem ist die Koordination. Organisationen gibt es einige, darunter ja auch welche, die Straßen bauen, dann welche, die Hungerhilfe leisten. Aber jeder sitzt in seinem Kämmerchen und interessiert sich nicht dafür, was die anderen treiben. Zu einer Zusammenarbeit kommt es nicht. Die letzten, die als Befürworter des auf den Straßenbau bezogenen „Food For Work" auftreten würden, wären die Transportunternehmer. Solange die Straßen in einem so schlechten Zustand sind, dass sie diese Bezeichnung nicht verdienen, können die Unternehmer für ihre Transportleistungen natürlich auch weiterhin immense Summen verlangen.

Da der Verkauf von Vieh derart erschwert ist, wachsen die Tierbestände einfach weiter an. Früher hatte eine Familie zweitausend Stück Vieh, und insgesamt gab es weniger Familien. Durch die Verbesserung der Gesundheitsversorgung wächst die Zahl der Menschen, also auch der Familien, und mit diesen wiederum die Gesamtzahl der Kühe und Ziegen. Die Tiere aber müssen fressen, und sie fressen alles kahl, zerstören somit die Bodenvegetation und damit die Beschattung. Mit der Folge, dass sich der Boden durch die verstärkte Sonneneinstrahlung weiter aufheizt, die Verdunstung zunimmt, der Boden austrocknet. Es kommt zu Dürren, das Vieh stirbt – und mit ihm der Mensch.

Diese Kausalkette wirkte früher genauso, mit dem Unterschied, dass es viel länger dauerte, bis sich der Kreis schloss. Wenn es heutzutage zu einer Dürre kommt, erhalten die Leute Nahrung von außen und das Land wird weiter bevölkert, es werden Maßnahmen getroffen, die Viehbestände künstlich zu reduzieren oder aufzustocken, manchmal auch beides, was natürlich völliger Unsinn ist.

MISSIONSLEBEN

Den eigenen Lastwagen mit Sorgfalt pflegen

Der Norden Kenias ist nicht nur ein Dürregebiet, sondern schlimmer, ein Dürregebiet ohne wirtschaftliche Planung. So unwirtschaftlich der Norden aufgrund seiner Trockenheit auch sein mag, ich bin der Ansicht, dass auch dieses Gebiet in die Gesamtwirtschaft des Landes eingebunden werden könnte. Man muss es nur schlau anstellen. An Ackerbau ist auch weiterhin nicht zu denken, aber an die Viehzucht. Die Leute leben seit Generationen davon. Aus den Tieren gewannen sie alles, was sie zum Leben brauchten, Fleisch, Milch, Blut. Die Felle nahmen sie zum Abdecken ihrer Häuser, nähten Kleidung daraus. Diese Dinge ließen sich auch eintauschen gegen Hirse, die sie nicht selbst anbauen konnten.

Die Entwicklung ist fortgeschritten, man trägt heute industriell gefertigte Kleider. Die aber muss man kaufen, genau wie den Zucker im Tee, den man heutzutage haben möchte, Batterien für Taschenlampen und Radios – für alles das braucht man Geld. Wie aber kommt man zu Geld? Arbeitsplätze gibt es so gut wie keine, das einzige, was man zu Geld machen kann, ist Vieh. Die Tukas, wie die kleinen Läden hier heißen, nehmen Vieh in Zahlung, aber nur, wenn sie es weiterverkaufen können, sonst ist es uninteressant.

Als ich im Jahre 2002 hier eintraf, ist erstmals nach drei Jahren wieder ein Lastwagen gekommen, der Vieh aus den Beständen der Nomaden wegtransportiert hat. Drei Jahre war nichts gelaufen, durch die Stammeskonflikte waren solcherlei Geschäfte vereitelt worden.

Das Baumaterial, das ich in den Anfängen des Missionsaufbaus benötigte, musste ich auf irgendeine Weise heranschaffen. Dazu habe ich mir möglichst Leute aus der Gegend hier gesucht. Ich konnte ja schlecht einen Lastwagen aus Nairobi bestellen, dessen Fahrer weder die Gegend noch die Straßenverhältnisse kennt. Der hätte mich verflucht, bevor er hier angekommen wäre. Hatte ich einen Einheimischen mit einem Transport beauftragt, musste er sich verpflichten, auf dem Weg nach Nairobi Vieh mitzunehmen. Anfangs klappte es nicht besonders gut, aber dann hat es sich eingespielt. Die Leute wussten, wenn ich nach Nairobi fahre, komme ich ungefähr zwei, drei Wochen später mit einem Lastwagen zurück. Also achteten sie darauf, ihr Vieh in der Nähe zu halten, um es auf den Lastwagen laden und nach Marsabit oder Nairobi verfrachten zu können. Im Durchschnitt rollte alle vier Monate ein Lastwagen mit Baumaterialien heran, es klappte damals ganz gut.

Inzwischen steht nicht nur die Mission, sondern auch die Schule. Gebaut wird jetzt im Liki Institut, im Turkana Basin Institut und im Research Institut. Die Bauherren dieser Projekte denken nicht an die Nomaden und ihr Vieh, ihre Lastwagen fahren meist leer zurück. Teilweise wären die Fahrer sogar bereit, etwas mitzunehmen, allerdings ist schlecht abzuschätzen, wann sie kommen. Und die Leute können ja nicht ewig mit ihrem Vieh warten, bis mal ein Lastwagen eintrudelt. Daher waren wir froh, uns einen eigenen organisieren zu können, ein Geschenk des Bischofs unserer Diözese. Es ist ein zwanzig Jahre alter Eco-Fiat-Allradwagen mit 3,5 Tonnen Zuladung, den wir selbst hergerichtet haben. Ein Zehntonner wäre natürlich besser gewesen, aber man kann nicht alles haben, für den Anfang reicht ein kleinerer Wagen auch aus. Der Fahrer und die Mitbrüder, die für den Wagen zuständig sind, üben sich gerade darin, ihn regelmäßig zu warten und zu pflegen. Es kann ständig etwas gebrochen oder kaputt sein. Man kann hier nicht einfach drauflos fahren, das kann gefährlich werden.

Wir haben bereits eine Fahrt nach Marsabit unternommen, um für die Leute einzukaufen. Für den Transport haben wir etwas verlangt, aber das Geld, das auf diese Weise hereinkommt, geht oft genug gleich wieder für Ersatzteile und Reparaturen drauf. Die Leute sehen, dass man sich um die Maschine kümmern muss, dass sie nicht von selber läuft. Das ist wieder ein Erziehungseffekt. Aber im Rechnungsabschluss ist dieser Lastwagen zu klein, um wirtschaftlich sinnvoll betrieben zu werden. Der Motor ist zwar stark, wäre sogar ausreichend für einen Zehntonner, aber der Spritverbrauch ist eben auch entsprechend hoch.

Hier in Illeret steht der Wagen deswegen gut, weil sich so planen lässt, wann er abfahren soll. Bis eine Viehherde hierher gelaufen ist, braucht es etwa eine Woche. Ein Lastwagen, der hier irgendwann einmal ankommt und sich gleich wieder auf den Rückweg macht, nützt den Viehbesitzern also gar nichts. Letztes Jahr hatten wir so einen Fall, ein Geschäftsmann, der seine Waren gegen Vieh eingetauscht hatte, über zwanzig große Bullen, schöne Tiere. Bloß fand er keine Transportmöglichkeit. Immer wieder versprachen ihm die Lebensmitteltransporteure, ihn mit seinen Bullen mitzunehmen, kamen an, fuhren jedoch gleich wieder fort. Weil es hier in der Umgebung bald nichts mehr zu fressen gab für die Bullen, musste der Geschäftsmann sie notgedrungen immer ein Stück weiter wegtreiben, so ging das von Weihnachten bis Ostern. Schließlich fand er einen Lastwagen, in dem kaum transportiert wurde, weil er kurz vor dem Auseinanderfallen war. Der Fahrer aber war bereit, zwei Tage bis zum Eintreffen der Herde zu warten. Ganze zwei Tage hat die Fahrt von hier bis North Horr gedauert, weil der Wagen so schlecht beieinander war, ständig einen Platten hatte, dauernd liegenblieb und jedesmal angeschoben werden musste, weil die Batterie kaputt war. Die Bullen mussten zwei Tage auf der Ladefläche ausharren, bekamen nur wenig Wasser, man kann sich vorstellen, in welchem Zustand sie da schon waren. Nach einem weiteren Tag Zeitverlust durch technische Pannen kam er schließlich in Tigoni an. Von den 24 Bullen, die er drei Tage vorher geladen hatte, standen noch 19 auf der Ladefläche. Von diesen 19 schaffte es gerade mal ein Bulle vom Lastwagen herunter, dann brach er zusammen und verendete. Die übrigen 18 sahen aus wie lebende Kleiderständer, nichts mehr dran, nur noch Haut und Knochen.

Um solch eine Tragödie zu verhindern, sind wir auf unseren eigenen Lastwagen angewiesen und achten darauf, ihn mit aller Sorgfalt zu pflegen.

Ein verdreht gewachsener Stamm ist stärker

Das Lesepult, der Ambo in der Kirche, auf dem die Heilige Schrift liegt, ist aus dem Holz einer Akazienart gefertigt, die hier wächst. Diese Akazien sind genau genommen gar keine Bäume, es sind eher Büsche. Der Stamm wächst verdreht, dadurch ist er stärker und tragfähiger. Woher diese Bäume ihr Wasser holen, ist mir ein Rätsel. Eine Pfahlwurzel haben sie jedenfalls nicht. Oft fallen sie deshalb einfach um, wachsen dann aber wieder hoch.

Ein solcher Baum stand neben dem alten Haus in Illeret, er muss sehr hoch gewesen sein. Als ich hier ankam, war er vertrocknet, und die Männer, die sonst ausgiebig und oft in seinem Schatten gelegen hatten, wollten den Stamm zu Brennholz zerhacken. Ich nahm ihn an mich, weil ich ihn so schön fand, verdreht wie er war. Hütete ihn, bis ich einen Teil davon nach Tigoni nahm und ihn einem Bruder zeigte, der das Schnitzhandwerk beherrscht. Er nahm das Holz mit nach Nairobi und schnitzte das Pult daraus, das jetzt hier in Illeret das Innere unserer Kirche schmückt. In Tigoni liegen noch zwei weitere Teile, aus denen sich bestimmt auch noch etwas gestalten lässt. Ich bin eben der Ansicht: In der Natur gibt es keinen Abfall.

Im Kerio-Tal betreiben wir eine kleine Maismühle in der Mission, und darum hatte sich ein kleiner Markt entwickelt. Die Mühle steht mitten im Missionsgelände, in dem Teil, der nicht von einem Zaun umgeben ist. Den unteren Teil des Geländes zäunte ich ebenfalls ein, denn ich hatte vor, ihn ein wenig zu bewirtschaften. Hierzulande ist es nicht üblich, Gatter einzubauen, wenn man Felder und Grundstücke einzäunt, das wäre zu kompliziert. Stattdessen richtet man Übersteige ein, nur für die Menschen, nicht für die Ziegen, denn die sollen ja draußen bleiben. Bald aber wünschten wir uns die Ziegen herein, denn das Gelände um den Markt herum und auch der Markt selbst versanken irgendwann in Abfällen, es war überhaupt kein erfreulicher Anblick. Vorher hatten die Ziegen alles fein säuberlich weggeputzt. Das hat mir verdeutlicht: In der Natur gibt es keinen Abfall, alles wird auf die eine oder andere Weise wiederverwertet. Und wenn wir im Einklang mit der Natur arbeiten wollen, müssen wir uns in diese Kreisläufe einfügen. Das ist in vielen, wenn auch nicht in allen Bereichen möglich, zum Beispiel in der Technik. Alles, was aus Stahl gefertigt ist, geht immer wieder kaputt, aber selbst die beschädigten Sachen lassen sich weiter verwenden, auch sie lassen sich noch für andere Zwecke gebrauchen. Bei Plastik ist das etwas anderes, das ist eher ein Problem, auch bei uns in Illeret. Bäume, Zäune, alles voller Plastiktüten. Die beste Art ihrer Wiederverwendung haben sich die Kinder erdacht. Sie knüllen die Tüten zusammen, umwickeln sie äußerst geschickt mit den Kunststoffschnüren, mit denen vorher die Zuckersäcke zugebunden waren, zwei alte Socken darüber, die man zusammennäht, und fertig ist der Fußball. Zu Recht sagen die Kinder, wenn sie den Ball hin und her kicken, „wir spielen Socken". Sie freuen sich immer sehr, wenn ich ihnen meine abgetragenen Socken überlasse, denn ewig halten diese Bälle natürlich nicht, bei den Belastungen, denen sie ausgesetzt werden. So lässt sich überall Material wieder einsetzen und verwenden, man muss nur findig genug sein.

Vor drei Jahren haben wir Betonrohre gegossen, reihenweise, sie wurden in einem Projekt für das Health Center für die Errichtung von Toiletten gebraucht. „Toiletten" ist vielleicht etwas zu viel gesagt, im Grunde waren es simple Plumpsklos. Aber solche im Sand anzulegen, ist nicht ganz einfach, daher verwendet man für die Schalung Betonrohre. Man gräbt sie einfach in den Boden herunter, wie bei ein Brunnenschacht.

Hier draußen sind einige Betonrohre liegengeblieben, sie wurden nicht gebraucht. Alles ringsherum ist kahl auf dem Gelände, nichts wächst, aber im Innern der Röhren ist es grün. Das liegt daran, dass die Zungen der Ziegen nicht lang genug sind, um hineinzugelangen.

Das Grün kommt von selbst, wir kämen ja nicht auf die Idee, Betonröhren mit Wasser zu besprengen. Daran lässt sich ermessen, wie viel hier wachsen könnte, vorausgesetzt, das Gebiet wäre nicht dermaßen überweidet wie jetzt.

Jedes Bäumchen, das sich hier aus dem Boden hervorwagt, umhegen wir sorgfältig mit einem Drahtkäfig, damit es gedeihen kann und nicht abgenagt wird, bevor es über Ziegenhöhe hinaus ist. Gerade Akazienbäume brauchen dafür viel, viel Zeit, denn sie wachsen sehr langsam.

Versuchsweise haben wir auch mal einen Garten angelegt, aber es wurde nichts daraus, wir hätten uns mehr darum kümmern müssen. Der Vorschlag dazu kam von den Leuten vom Tierärzte-Projekt. Das Konzept war, verschiedene Anpflanzungen zu testen, Bohnen, Salat und Hirse in unterschiedlichen Kombinationen, um zu sehen, welche am besten gedeiht. Jetzt weiß ich zum Beispiel, dass Hirse nur wächst, wenn es ausreichend regnet, genauso die Bohnen, deren Blätter man essen kann wie Gemüse. Auch die Bewässerungsformen haben wir variiert. Wir wollten so wenig wie möglich bewässern, nahmen dafür von dem Seewasser, das zu uns heraufgepumpt wird. Eine Sprinkleranlage zu installieren bringt nicht viel, denn die Verdunstungsrate ist zu hoch und der Salzgehalt im Boden würde nur ansteigen. Die Wassermelonen, das weiß ich noch, haben sich sehr über den einsetzenden Regen gefreut, es war eine gute und schmackhafte Ernte.

Unsere Zäune sind gewachsene Zäune, die wie andere Zäune auch hin und wieder erneuert werden müssen. Keine ganz angenehme Arbeit, weil sie aus einem stacheligen Busch bestehen, der Gerret genannt wird. Man kann die Büsche mit den Wurzeln ausgraben oder aber einfach Äste abschlagen und einpflanzen, normalerweise wächst knapp die Hälfte davon an. Preiswerter und weniger arbeitsintensiv wäre Maschendrahtzaun. Das ist am Anfang eine teure Investition, aber man hat für einige Jahre Ruhe und so gut wie keinen Aufwand. Zudem sind Maschendrahtzäune ziegensicher, Gerret hält sie weit weniger zuverlässig ab.

Für mich hat aber die Arbeitsbeschaffung Vorrang, ich bin eher bereit, einen Lebendzaun aus Gerret anpflanzen zu lassen, auch wenn es ein bisschen mehr kostet, als die vermeintlich rationellere Lösung zu wählen. So kommt das Geld unter die Leute, und vor allem den Frauen – denn sie sind es, die diese Pflanzarbeit erledigen – wird so die Möglichkeit gegeben, Geld zu verdienen. Das Geld kommt direkt den Familien zu Gute und wandert nicht ins ferne Nairobi, wo wir den Maschendrahtzaun einkaufen würden. Es bleibt in Illeret, und das ist mir wichtiger als ein hundertprozentig dichter Zaun.

Rote Plastikfolie auf den Dächern

Ich hatte einmal zwei große Rollen rote Plastikfolie gekauft, um sie als Bodenschutz ins Haus hineinzulegen. Die Rollen lagen erst einmal im Lager, eine ganze Weile lang, da ich das Plastik dann doch nicht gleich verbaut habe. Ein paar Mal nahm ich sie in Verwendung, um Bohnen, Reis und anderes Gut, das beim Transport nass geworden war, auf den ausgerollten Bahnen zu trocknen. Ein paar Frauen, Nomaden, beobachteten das und schwatzten mir ein Stück Folie ab. Ich ahnte schon, dass sie vorhatten, es zum Dachabdecken zu verwenden. Ich hielt das für keine gute Idee und zögerte daher. Zwei der Frauen gaben einfach keine Ruhe, also setzte ich mich hin und rechnete aus, wie viel ein Meter kostet und verkaufte den beiden je zwei, drei Meter. Knallrote Folie auf den Hüttendächern, mitten in der Landschaft … Allein die Vorstellung erfreute mich überhaupt nicht. Meinen Zweifeln in puncto Ästhetik zum Trotz, löste diese Abgabe in kleiner Menge eine wahre Lawine aus, immer mehr „Kunden" kamen, in Nullkommanichts waren die zwei Rollen verkauft. Kein Anlass zur Freude, denn ich sah schon voraus, dass es den Häusern, die eigentlich nicht mehr als Hütten sind, eher schaden würde. Wenn es regnet, nässt es voll durch, dann sitzen die Bewohner drinnen und decken sich notdürftig ab, mit einer Kuhhaut oder was gerade zur Hand ist. Nun zogen sie diese Plastikfolien über die Dächer, voller Stolz. Was passierte? In den Hütten staute sich die Hitze, in ihrem Innern wurde es ungemütlich, zudem litten die Folien in der Sonne, sie wurden mürbe. Die Frauen kamen zu mir und jammerten. Ich erklärte ihnen, dass die Sonnenstrahlen der Folie nicht guttun. Das haben sie verstanden und die Folien nur noch bei Regen aufgelegt. Wenn so ein Regenguss kommt, ist jeder froh, in seiner Hütte im Trockenen sitzen zu können, das geht mir ja nicht anders. Einige Rollen Folie besorgten wir noch, weil die Frauen darum baten. Als die Händler die Idee aufgegriffen hatten, stellten wir das Geschäft sofort ein. Das ist meine Devise: Ich bin hier, um etwas anzufangen, was den Leuten nützt. Wenn es ein anderer übernimmt, ist es gut.

In North Horr war einmal eine Kooperative entstanden, zu einer Zeit, als von der Regierung relativ viel Geld für Kooperativen ausgegeben wurde. Begonnen hatten sie mit einem Lastwagen, um für die Leute Sachen zu transportieren, die bekannte Geschichte. Zusätzlich eröffneten sie einen Whole-Sell, so etwas wie ein Kaufhaus im Kleinformat. Hier kaufen auch die Tuka-Besitzer für ihre kleinen Läden ein, weil es, nach hiesigen Maßstäben, einfach alles gibt. Inzwischen kann die Kooperative drei Lastwagen ihr eigen nennen. Einen davon hat die Mission zu zwei Dritteln finanziert, weil man bei Barkauf gute Rabatte bekommt. Die Kooperative zahlt den Kredit durch Transportleistungen ab.

So ein Whole-Sell wäre für Illeret natürlich durchaus wünschenswert. Erst aber müsste ein Gebäude dafür gebaut werden und Geld vorhanden sein, um die Lager zu füllen. Dazu braucht es jemanden, der sich darum kümmert und, im wahrsten Sinne des Wortes, den Laden am Laufen hält. Ich halte mich wenig geeignet für so eine Aufgabe, ich könnte das auch zeitlich gar nicht bewältigen, den Einkauf und die Lieferungen tätigen schon gar nicht, das ist sehr zeitraubend. Wir haben vor, einen Versuch zu starten, und dann werden wir sehen, wie es läuft. Funktioniert es, kann entweder ein Mitbruder die Leitung übernehmen oder man übergibt die Sache einem lokalen Angestellten.

Fisch an den See fahren

Wir fahren auch Fisch an den Viktoria-See. Das mag widersinnig erscheinen, Fisch – ausgerechnet an den Viktoria-See, da kann man ja gleich Sand in die Sahara fahren. Ein Blick auf die wirtschaftlichen Gegebenheiten, und der scheinbare Widersinn erklärt sich: Kisumu und Lake Victoria sind erschlossenes Gebiet mit einem recht gut ausgebauten Straßennetz. Auf der Kenia-, Uganda- und Tansania-Seite des Sees gibt es zahlreiche Fischfabriken, die den Fischern ihren Fang direkt abkaufen und ihn in die Verarbeitung schicken. Der größte Teil gelangt in den Export. Weil die Fabriken höhere Preise bieten können, als die Fischer auf dem lokalen Markt dafür bekämen, ist das Angebot dort eher dürftig. Anders gesagt, der See liegt in direkter Nachbarschaft, der Fischfang ist ordentlich, aber bei der Bevölkerung kommt nichts davon an. Also greift man auf Fisch vom Turkana-See zurück, der mühsam herangekarrt werden muss, denn er ist sehr schlecht erreichbar. Zwar gibt es auch dort, in Kalakol, eine Fischfabrik, die sogar seit 20 Jahren in Betrieb ist, aber noch nie richtig in Gang gekommen ist, aus welchen Gründen auch immer. Weil die industrielle Verarbeitung des Fangs nicht garantiert werden kann, weicht man auf das Trocknen des Fischs aus, um ihn lagern und verschicken zu können. Den Fisch in die Sonne legen und trocknen, das ist die traditionelle Art, wie es die Leute vom Stamm der Lur, der am Viktoria-See beheimatet ist, schon immer gemacht haben. Den so konservierten Fisch bringen wir mit unserem Lastwagen nach Kisumu auf den Markt, teilweise auch nach Nairobi, aber auf dem dortigen Markt wird nicht allzu viel Fisch in getrockneter Form angeboten, das ist eine typische Lur-Spezialität.

So wirklich Gewinn bringt das nicht ein, es finanziert

Am Ufer des Turkana-Sees

den Sprit, viel mehr aber auch nicht. Die Unterhaltskosten für den Lastwagen darf man gar nicht mit einrechnen. Wenn sich allerdings auf dem Rückweg etwas für die Mission transportieren lässt, wir in Nairobi selbst etwas zu besorgen haben, warum sollte der Wagen leer hinfahren? Und wenn es Fisch ist, dann ist es eben Fisch, den wir transportieren, das spielt ja keine Rolle. Und der kleine Umweg über Kisumu auf dem Weg nach Nairobi fällt dabei auch nicht groß ins Gewicht.

Genau auszurechnen, was die Fahrt uns tatsächlich kostet, wird erst dann interessant, wenn man abschätzen kann, wie viel der Händler, der den Fisch in Illeret kauft und in Kisumu verkaufen will, an Profit erzielt. Daraus errechnet sich nämlich, welche Summe wir von ihm für den Transport verlangen können.

Die Lur leben vom Fisch, Fisch in jeglicher Art und Weise. Sie sind wahre Künstler im Fischessen, so etwas habe ich noch nirgends sonst gesehen. Nach dem Fang wird der Staub und der Sand aus dem Fisch herausgewaschen. Meistens kriegt man den Dreck nicht ganz heraus, aber das stört hier niemanden. Danach wird er relativ lang gekocht, solange bis er zerfällt. Von der Zubereitung her ist es also kein Fisch, wie wir ihn gewohnt sind, sondern eher eine Fischsuppe, in der alles inbegriffen ist: Kopf, Schwanz und Gräten. Wie die Lur diese Suppe verspeisen, das ist faszinierend anzusehen: Sie schieben die Brocken auf einer Seite in den Mund, sortieren das Essbare heraus, und aus dem anderen Mundwinkel kommen Gräten und das Unbrauchbare wieder heraus. Geradezu unheimlich, als ob eine Sortiermaschine am Werk wäre! Alles Fischfleisch wird gegessen, nur die blanken Gräten bleiben übrig, und das geschieht mit einer Leichtigkeit, mit der andere Reis essen. Für einen Nicht-Lur ist das gar nicht zu machen.

GOTTVERTRAUEN

Vorbild sein für andere

Glaube erwächst für mich aus persönlicher Überzeugung. Die muss wachsen, und wachsen kann etwas überhaupt nur dann, wenn es einen Boden hat und genügend Nährstoffe. Es ist nicht damit getan, den Katechismus zu unterrichten und die Leute hier so schnell wie möglich zu taufen. Manche Missionare sind der Ansicht, man muss sie taufen, bevor sie zum Islam oder zu anderen Kirchen überlaufen. Dass zum Glauben, wenn er überzeugen soll, persönliches Engagement im Kontakt zu den Menschen gehört, dass es dazu ein gelebtes Vorbild braucht, gerät dabei leicht in Vergessenheit.

Ich denke, wir müssen unseren Glauben erst einmal selber leben. Wir Benediktiner sind ja nicht einfach nur Missionare, die hinausgehen, um möglichst viele Leute zu missionieren, sondern wir haben erst einmal den Glauben, leben im Gebet, in der täglichen Arbeit, im normalen Leben, das ist unsere Ausgangsbasis für das weitere Tun.

Dann sehen die Menschen, dass wir ihnen weiterhelfen können in all den Schwierigkeiten ihres Lebens, auch wenn diese Schwierigkeiten sich selbst von Ordensleuten nicht in Luft auflösen lassen. Ora et labora, bete und arbeite, ich kann es nur wieder betonen, aus diesem Leben des Gebets und der Arbeit schöpfen wir die Möglichkeiten zu wirken. Wir versuchen so zu leben, dass es Vorbildcharakter hat für die Menschen, dass der Glaube Anziehungskraft entwickelt. Und damit spornen wir sie an, sich zu fragen: Was will ich in diesem Leben, was brauche ich, was fehlt mir?

Wir Menschen sind eigentlich immer unzufrieden, das ist nun einmal so. Aber woher rührt diese Unzufriedenheit? Aus unserer Unvollkommenheit. Wir können nicht alles haben, nicht alles können, so sehr wir es auch wollen.

Wenn wir unsere Zufriedenheit also davon abhängig machen, werden wir nicht weit kommen.

Es ist der Glaube, der uns hilft und beruhigt, wenn wir mal wieder zu viel wollen. Der Druck und das Verlangen nach immer mehr, immer weiter und immer höher ist überall zu finden, das ist nicht nur ein Charakteristikum der Konsumgesellschaften in der Welt, das gilt hier genauso. Wenn ein Nomade auszieht, um das Vieh eines anderen zu stehlen, dann steckt dahinter derselbe Antrieb wie hinter der westlichen Konsumgesellschaft, dessen Motor das Mehr-Haben-Wollen ist.

In Kenia gibt es enorme Unterschiede zwischen Arm und Reich, zwischen Stadt und Land. Wenn ich mir anschaue, wie die Reichen leben, kann ich mir nicht vorstellen, dass sie zufrieden sind. Hinter hohen Mauern und Elektrozäunen verschanzen sie sich und ihren Besitz, aus Angst vor denen, die weniger haben und ihnen etwas wegnehmen könnten.

Das einzige, was uns, was mich zufrieden machen kann, ist zu akzeptieren, wie ich bin und was ich habe. Das heißt nicht, dass ich mich um nichts mehr kümmern muss, aber ich sollte versuchen, mich zur Zufriedenheit zu entschließen, gesetzter, maßvoller werden in meinen Bedürfnissen, in meinem Streben. Und mich dann langsam daran machen, den Auftrag Gottes zu erfüllen, den er uns nicht umsonst gegeben hat, der auch uns erfüllen kann. „Macht euch die Erde untertan", so heißt dieser Auftrag im Schöpfungsbericht der Bibel. Das bedeutet für mich, wir sollen das, was Gott geschaffen hat, weiter benutzen und weiterentwickeln. So verstehe ich das Wort „untertan", benutzen, für höhere Zwecke verwenden, in die Hand nehmen, um etwas zu erreichen, was vielen, was allen dient. Den von Gott empfangenen Schöpfungsauftrag weiterführen, aber nicht in Gegnerschaft zur Welt und zueinander, sondern im Einklang mit den Menschen und der Natur. Erst dann werden wir Zufriedenheit erlangen und bereit sein, zurückzustecken für andere. All die Kriege und Unruhen, sie würden sich von selber lösen. Die Gesetztheit, das Ruhen im Glauben ist für mich das Fundament für allgemeine Zufriedenheit. Das Vertrauen auf Gott, der uns nicht alleine lässt, der hinter uns steht und uns Gutes will.

Stark im Glauben

Der Glaube ist etwas für uns alle, nicht nur für die Schwachen. Die Starken brauchen den Glauben ebenso, auch wenn sie mit der Autorität der Kirche eher ein Problem haben als die Schwachen, die auf die Kirche vertrauen müssen, in ihr eine Stütze suchen, wenn sie aus eigener Kraft nicht weiterkommen. Doch auch die Starken stoßen irgendwann an ihre Grenzen, dann brauchen auch sie die Rückversicherung von oben.

Ich würde mich selbst zum Beispiel als einen eher starken Charakter ansehen, und doch komme ich oft an meine Grenzen. Dazu möchte ich eine Geschichte von einem Mitbruder erzählen: Bonifaz, Silvester und ich waren zu dritt in Illeret. Bonifaz ist ein starker Charakter. Silvester hingegen ist etwas eigen in seiner Einstellung, sehr missionarisch und traditionell, streng auf die kirchliche Autorität fixiert, man könnte fast sagen autoritätshörig. Er hatte als gelernter Koch in der Küche in Tigoni gearbeitet und war dann zu uns gekommen, um in Illeret die Missionsarbeit kennenzulernen. Wir waren sehr dankbar, dass er gleich als erstes unsere Küche, die in einem desolaten Zustand war, auf Vordermann brachte, für uns kochte, worauf bisher niemand von uns große Lust gehabt hatte, und in der Schule mit aushalf. Innerhalb eines Monats hatte er sich hier unentbehrlich gemacht, fleißig und umsichtig wie er war.

Mit seinem sehr einfachen Glauben hat er uns, Bonifaz und mir, oft einen tiefen Halt gegeben. Und wir waren für ihn da, halfen ihm weiter, wenn er mit der Mentalität der Leute hier zu kämpfen hatte. Das Gemeinsame ist Gott, und wenn auch jeder einen anderen Bezug zu ihm hat, Gott bleibt immer der Gleiche.

Auch unsere Bruderschaft ist nicht ganz frei von Stammeskonflikten, wir sind ja ein Spiegel der Gesellschaft. Die kenianische Gesellschaft ist sehr nach Stammesherkunft gespalten, das wird gerne auch von politischen Kräften gefördert und ausgenutzt. Je stärker diese Spaltung sich draußen abzeichnet, desto stärker wird es innen, in der Gemeinschaft, spürbar. Natürlich versuchen wir gegenzulenken, aber nicht immer mit Erfolg. Gerade, wenn es hier und da Missstände gibt oder Schwierigkeiten in der Leitung, verstärkt sich das Stammesdenken wie ein Reflex.

Da ich als Nicht-Kenianer außerhalb dieses Kontextes stehe, gelte ich als neutral, und so bemühte mich auch, als eine Art ehrlicher Vermittler aufzutreten, als es einmal einige interne Schwierigkeiten in der Gemeinschaft gab. 2006 wurde an mich, aufgrund dieser Umstände und der Notwendigkeit, ihnen entgegenzuwirken, von den Visitoren des Ordens der Wunsch herangetragen, für drei Jahre das Amt des Priors in Tigoni zu übernehmen. Normalerweise wird der Prior, also der Vorsteher eines Klosters, genauso gewählt wie der Abt, aber damals war es eine Einsetzung.

Als Prior im Amt zu sein, war für mich nicht einfach. Erstens, weil ich kein großer Büromensch oder Administrator bin, zweitens, weil es in Illeret noch keinen Ersatz für mich gab und ich dort weiter zuständig war. Aber so ist das nun mal, man tut seinen Teil für das Gemeinschaftsleben, das hat man gelobt und hält sich daran. Auch wenn ich nicht glücklich war als Prior, es nicht mein „Traumjob" war, habe ich versucht, das Bestmögliche zu machen, denn an diesen Platz hatte man mich gestellt, weil es Not tat. Ich glaube sogar, ich hätte auf dem Posten auf längere Sicht auch einiges bewirken können.

Da ich Illeret nicht so leicht verlassen konnte, versuchte ich im ersten Jahr einen Spagat zwischen Illeret und Tigoni, fuhr hin und her. Ein Mitbruder sah in Illeret nach dem Rechten, wenn ich nicht dort war, aber nach einem halben Jahr ließ sich diese Vertretungslösung nicht mehr so durchführen. Ich musste also ganz nach Tigoni ziehen.

Bei meinem (wie sich herausstellen sollte vorübergehenden) Weggang von Illeret hatte der Bischof von Marsabit, der mich ja dorthin geholt hatte, Tränen in den Augen, damals konnte er ja noch nicht wissen, dass ich wieder nach Illeret zurückkommen würde. Ich habe mich mit ihm, der wie ich ein Praktiker und volksnaher Mensch ist, sehr gut verstanden.

Als ich drei Jahre später wieder nach Illeret zurückkehrte, war ich sehr froh. Ich fühle mich wohl auf dem Land, bin dort zufriedener, freue mich an der Nähe zu den Menschen, an der praktischen Arbeit.

Gott hat einen Plan für jeden von uns

Gott hat einen Plan für jeden von uns, aber was für ein Plan ist das? Das stellt sich doch allzu oft erst hinterher heraus, es ist eine ständige Suchbewegung, die das ganze Leben andauert. Das verlangt Gott von uns, die ständige Suche, und immer bringt sie uns irgendwie weiter. Ich möchte das anhand eines Erlebnisses illustrieren, das Bruder Bonifaz widerfahren ist.

Bruder Bonifaz war in Nairobi gewesen und fuhr mit

einem Puplic Transport, einem öffentlichen Bus also, über Lodwar zurück, das auf der anderen Seite des Turkana-Sees liegt. Wir besaßen zu der Zeit ein Boot auf dem See, und wir hatten ausgemacht, dass Bruder Bonifaz uns über Funkruf eine Nachricht schickt, wann wir mit seiner Rückkehr rechnen können. Das hatte er auch getan, nur hat derjenige, dem er aufgetragen hatte, den Funkspruch weiterzugeben, es versäumt. Bis wir die Nachricht bekamen, war Bonifaz schon längst in Calacol, wir schickten das Boot los wie vereinbart. Die Bootsführer waren in Eile, wollten gleich wieder zurück, wir wussten überhaupt nicht, wann das Boot starten sollte, nichts war klar. Am darauffolgenden Sonntag hörten wir die Nachricht aus Kobifora, Bonifaz sei soeben als Schiffbrüchiger geborgen worden, gestrandet am Sibiloi-National-Park, nachdem er drei Tagen auf dem offenen See getrieben war. Ein weiterer Passagier war ertrunken, wurde gemeldet. Erleichtert dankten wir Gott dafür, dass Bonifaz unverletzt war.

Denn im Turkana-See gibt es Nilpferde und Krokodile, dort umherzutreiben ist nicht ungefährlich. In der Nacht war Bonifaz zwischen Nilpferden geschwommen, und als er am Morgen an der Halbinsel strandete, war das Ufer belagert von Krokodilen. Auf zwei von ihnen ist er draufgefallen, als er sich, völlig entkräftet, aus dem Wasser geschleppt hat, und blieb schließlich neben einem von ihnen liegen. Die Tiere aber ließen ihn in Frieden.

Unser Boot hatte sich vor vielen Jahren mal ein Holländer gebaut. Als er zurück in seine Heimat ging, ließ er es liegen. Unsere Gemeinschaft richtete es her und baute es um, sodass es für den Lake Turkana tauglich war. Es war zwar nicht ideal, aber es tat gute Dienste. Dass es dann mit Bonifaz und einem anderen Mann unterging, ist vor allem auf die Unerfahrenheit der Bootsführer zurückzuführen. Es waren drei junge Leute, die ich mit dem Boot hinübergeschickt hatte. Zwei, die eigentlichen Bootsführer, blieben drüben, um sich einen anzusaufen, wollten nicht gleich zurückfahren, sagten, fahrt doch selbst. Und so geschah das ganze Drama.

Der Ertrunkene wurde eine Woche später gefunden, an der anderen Seite des Sees, nördlich von Illeret. Untergegangen war das Boot südlich von Illeret. Der See ist vierzig Kilometer breit, das heißt, der Ertrunkene muss vierzig bis fünfzig Kilometer weit abgetrieben worden sein. Einer der Bootsführer fuhr hin, um ihn zu identifizieren. Er war sich sicher, dass es sich bei dem Toten um den Vermissten handelte, die Leiche war zwar ohne Kopf, aber die Kleidung konnte er wiedererkennen. Wie das Unglück passieren konnte, lässt sich nur erahnen. Wahrscheinlich prallten sie in der Nähe von Central Island an einen Felsen gingen unter. Der Wind weht dort sehr stark, der Wellengang ist hoch. Es gibt nur zwei Stellen, die sich zum Anlegen eignen, alles andere ist zu felsig. Gerät man dort in die Brandung hinein, ist es sehr unwahrscheinlich, jemals wieder heil herauszukommen.

Die Windverhältnisse am See sind sehr unterschiedlich. In Illeret kommt der Wind am Vormittag vom Land zum See, am Nachmittag bläst er in die umgekehrte Richtung. In der Zeit, wo der Wind vom Land zum See weht, weht auf der anderen Seite ebenfalls der Wind vom Land zum See, die Luftströme treffen sich in der Mitte und steigen nach oben. Am Berg auf der Insel in der Mitte des Sees, da wirbeln die Winde nur so durcheinander. Die Fischer sagen, man muss nördlich den ganzen langen Umweg um die Insel machen, man darf nicht südlich an der Insel vorbeifahren. Denn von Süden her kommen die Winde auf die Insel zu und man wird unweigerlich an die Felsen getrieben.

Bonifaz wurde mit dem Auto hergebracht. Nach seinem dreitägigen Aufenthalt im See war er sehr geschwächt, aber im Geiste war er stark geblieben. Er ist gelernter Krankenpfleger und wusste daher, dass er sich ausreichend Ruhe und Erholung gönnen musste. So ist er auch bald wieder auf die Beine gekommen. Dieses Erlebnis hat ihn tief geprägt: Drei Tage war er umhergetrieben und -geschwommen im See – das ist eine lange Zeit. Immer wieder hat er sich selbst davon abgehalten unterzugehen, sich immer wieder selbst ermutigt. Er ist ein körperlich starker Mensch, es ist auch etwas an ihm dran, er hat Energie, das war sein Vorteil, denn so ist er nicht allzu sehr ausgekühlt. Außerdem ist er ein hervorragender Schwimmer. Sein Leidensgenosse, der sein Leben bei dem Unglück verlor, war kein schlechterer Schwimmer – und das hat Bonifaz lange geplagt, womöglich bis heute. Drei Tage im See, hier die sehr gefährlichen Nilpferde, dort die aggressiven Kroko-

Bonifaz: Herzlicher Mitbruder – und in manchen Situationen auch Herr über Nilpferde und Krokodile

dile in allernächster Nähe. Warum hat Bonifaz überlebt und der andere nicht?

Ja, die große Frage nach dem Warum. Anscheinend wollte ihn Gott nicht als Märtyrer, sondern wollte, dass er weiter lebt. So lässt sich vermuten. Aber eine endgültige Antwort wird auch Bonifaz nicht finden.

Bonifaz erzählt, wie er überlebt hat

Ich kam in Calakola an, das Boot war aber noch nicht da, ich musste ein paar Tage warten. Als die Fahrt schließlich losgehen sollte, ging ich früh am Morgen zum Boot und fragte die Bootsführer, wie sieht es aus, fahren wir? Aber die Bootsführer waren mit Trinken beschäftigt. Dann ging es doch auf Fahrt, das Boot war schwer, vielleicht überladen? Das konnte ich nicht beurteilen. Wir waren auf der Mitte des Sees angelangt, hatten kaum die Insel umschifft, da kam Wind auf, es gab hohe Wellen, das Boot kam ins Trudeln, über Stunden ging das so, die ganze Nacht, wir kamen gar nicht zum Schlafen, unterhielten uns lieber. Die Situation verschärfte sich noch durch zwei große Säcke Zement, die an Bord waren: Das Wasser durchdrang die einfachen Papierhüllen und die Säcke saugten sich voll – wir hatten also einen dramatischen Ballast an Bord. Das war verhängnisvoll. Am frühen Morgen wurde der Wellengang noch stärker, das Boot lief voll Wasser, sehr schnell, es kenterte und ging unter, und ich fand mich in den Fluten wieder.

Ich bekam einen halbleeren Kanister zu fassen, versuchte mit der anderen Hand, mich im Wasser fortzubewegen. Der Kanister stellte sich aber als undicht heraus, immer mehr Wasser drang ein, also ließ ich ihn fahren, trieb einfach so im Wasser. Großartige Schwimmbewegungen machte ich gar nicht, ich würde ja nur müde werden und sterben. Ja, ans Sterben dachte ich schon, ich bereitete mich auf den Tod vor, während ich mitten auf dem See trieb.

Ich war eigentlich sehr ruhig, vor lauter Müdigkeit konnte mich gar nicht aufregen, und so überließ ich mich dem Willen Gottes.

Nachts begann es zu regnen, Wasser um mich, Wasser von oben, ich beschirmte meine Augen und hielt mich durch Bewegungen des anderen Arms über Wasser. Eigentlich erwartete ich, irgendwann unterzugehen, aber das geschah nicht. Gegen morgen zogen die Regenwolken ab, da konnte ich mich an den Sternen orientieren und versuchte mich nach Norden, Nordosten zu halten, so gut es ging. Schwimmen ging gar nicht mehr, ich war zu erschöpft, aber ich durfte ja nicht aufhören, mich zu bewegen, sonst wäre ich ganz ausgekühlt in dem kalten Wasser. Das Wasser im See ist salzhaltig, es ließ meinen Körper anschwellen, meine Haut quoll auf und hatte begonnen, sich zu schälen. Ich geriet auch des öfteren auf Tuchfühlung mit Fischen und Krokodilen – als ich nach Illeret gekommen war, hatte mir ja schon der Gedanke an Schlangen und Skorpione, die es in der Gegend gibt, Furcht eingejagt –, aber jetzt fehlte die Kraft, in Panik zu geraten. Ich war sogar versucht, mich an einem Krokodil festzuhalten, denn ich schwamm frei im Wasser und hätte mich gerne an etwas festhalten wollen. „Friss mich halt", sagte ich zu einem, denn ich fühlte mich schon vollkommen entkräftet. Aber es hatte wohl keinen Appetit.

Als dann Land in Sicht war, soweit ich noch etwas sehen konnte – meine Augen waren zugeschwollen –, schöpfte ich neuen Mut und arbeitete mich weiter vor in Richtung Ufer. Da konnte ich spüren, dass etwas am Wasser sich veränderte, der Lauf der Wellen und ihr Klang. Ich spürte, dass das Ufer nahe sein könnte, versuchte zu schwimmen. Plötzlich hatte ich Grund unter den Füßen, konnte aus dem Wasser gehen, und landete an einem Brutplatz für Krokodile, inmitten von hunderten von Krokodilen. Ich hatte einfach keine Kraft mehr, fiel einfach auf sie drauf, fiel auf den Rücken, sagte in das Maul von dem einen: „Friss mich halt, ich schlaf jetzt!" Ja, und dann muss ich wohl das Bewusstsein verloren haben.

Als ich wieder erwachte, sah ich etwas Großes auf dem See, ein Boot, das auf mich zukam. Ich hielt es für ein Fischerboot, aber es waren Polizisten, die mich schließlich an Bord nahmen und in ihr Camp brachten. Einer der Polizisten kam darauf, dass ich vielleicht Bruder Bonifaz sein könnte und informierte Pater Florian. Eingehüllt in eine Decke, um mich warmzuhalten, brachten sie mich schließlich nach Illeret.

Erst nach ein paar Stunden bin ich zu mir gekommen, sah viele Leute um mich herum. Ich konnte mich an nichts erinnern, mein Blutdruck wäre in Ordnung, sagten sie mir, und die Haut würde in ein paar Wochen wieder normal sein.

Ich habe kein Wasser im See getrunken, es ist ja Salzwasser. Wenn man damit anfängt, stirbt man, das wusste ich sehr genau. Angst hatte ich keine, ich war auf alles gefasst und blieb ruhig. Panik treibt die Leute in den Tod. Was mir auch noch half, war mein Gewicht – ich bin nicht der Schlankste, und das war hier von Vorteil: Ich schwamm praktisch immer oben und machte nur Bewegungen, um Muskelkrämpfen vorzubeugen. Die Krämpfe kommen, weil das Wasser ja kalt ist. Man wird müde und bekommt Krämpfe. Drei Tage ...

Ich glaube, Gott hat sich etwas dabei gedacht, es muss einen Sinn gehabt haben. Ich glaube fest daran, dass irgendein Sinn in dieser Geschichte liegt. Gott wollte, dass ich wieder nach Illeret komme, vielleicht, weil ich hier noch etwas zu tun habe. Das weiß nur Gott, ich kann es nicht wissen, es ist jetzt ein Erlebnis in meinem Leben, für die Gemeinschaft. Gott ist mit uns, Gott steht uns bei.

PROJEKTE LASSEN SICH GENAUSO WENIG ABSCHLIESSEN WIE DAS LEBEN

Den Menschen Grundbildung vermitteln

Missionsarbeit bedeutet für mich Arbeit mit den Menschen. Ich sage *mit* den Menschen, nicht *für*. Natürlich, das Element der *Für*sorge darf nicht ins Hintertreffen geraten, aber das *Mit* muss im Vordergrund stehen. Missionsarbeit erwächst von innen heraus, aus dem Innern. Ich kann mich nicht bloß als Lehrer sehen, der den Glauben an Christus verbreitet, ich muss ihn mit den Menschen leben. Und Christus hineinbringen ins Leben, das kann man nur durch Leben. Natürlich gehört der Unterricht dazu, aber das Leben lehrt mehr als reiner Unterricht.

Durch die Benediktiner hat sich das Christentum in Europa verbreitet und so das Abendland maßgeblich mitgestaltet. Die Benediktiner sind als Missionare nicht nur hinausgegangen, um den Glauben zu verkünden, sondern sie sind hinausgegangen, um den Glauben zu leben, auf Außenposten, in unwirtlichen Gegenden. Dort führten sie ein Leben des Gebets und der Arbeit. Das hatte eine ungemeine Ausstrahlung und Anziehungskraft. Man braucht sich ja nur in Europa umzusehen – wo immer ein Kloster errichtet wurde, hat sich viel darum entwickelt. Im Ursprung standen alle Klöster, ob im Busch, im Wald, auf den Bergspitzen, alleine. Die Benediktiner gingen immer auf Hügel hinauf, weil sie abseits der Menschen leben wollten – die Zisterzienser, die sich vom Orden der Benediktiner absetzten, an den Regeln des heiligen Benedikts jedoch festhielten, zogen sich in Sümpfe oder Täler zurück und verwandelten in mühsamer Arbeit die Sümpfe und Täler in fruchtbare Äcker. Dann kamen die Menschen und sammelten sich um sie.

Wo Gebet und Arbeit zusammengehen, entwickelt sich etwas, das Menschen anzieht. Das wollen wir hier auch erreichen. Wir wollen den Glauben leben, in Einfachheit, dabei Teil der Gemeinschaft sein und den Glauben hinausbringen in die Gesellschaft. Das geht, das wirkt. Vor kurzem sagten uns die alten Leute, die einzige Kirche, auf die man wirklich zählen könne, sei die katholische. Einfach deshalb, weil die katholische Kirche Traditionen achtet und nicht verlangt, alle Traditionen, alles Althergebrachte über Bord zu werfen und so zu leben wie die Städter, wie die Europäer. Nein, die katholische Kirche ist bestrebt, die Traditionen zu erhalten. Nicht alle, nicht um jeden Preis, aber im Grundsatz, und das vermittelt den Menschen, gerade auch den Alten, ein hohes Maß an Sicherheit.

Das hiesige Bildungssystem ist nicht für Nomaden gemacht

Das Volk der Dasanetsch auf der äthiopischen Seite zählt etwa achtzehn- bis zwanzigtausend Menschen, auf der kenianischen Seite sind es ungefähr doppelt so viele, insgesamt also dürfte der Stamm demnach sechzigtausend Menschen umfassen. Der Großteil lebt nomadisch oder halbnomadisch. Etwa fünf Prozent der Kinder gehen zur Schule. Dass dieser Prozentsatz wesentlich steigt, ist nicht zu erwarten, das liegt an dem aktuellen System. Selbst mit den Kindern aus dem Ort, die in die Schule gehen könnten, wenn sie nicht zu Hause als Arbeitskräfte gebraucht würden, wären es vielleicht sieben Prozent. Eine Bildungsrate von sieben Prozent, und die Rede ist ja auch nur von der Grundbildung, das ist nicht viel.

Der Lehrer erzählt: „In dem Haus des früheren Dorfvorstehers, das von Deutschen hergerichtet wurde, ist ein Veterinär-Projekt untergebracht mit einem Tuka, einem kleinen Geschäft für Tiermedizin. Es werden Leute ausgebildet, acht junge Männer sind angelernt, die Soparavez, so nennt man sie, Barfußdoktoren, die auch übers Land gehen. Sie lernen, wann, wie und in welcher Dosierung die Medizin angewendet wird, im Grunde ist diese Tuka bei uns also mehr als ein Geschäft, es ist schon Tiermedizin, die hier betrieben wird, nicht nur Medikamentenausgabe. Den Grundstock für die Finanzierung bekommen die ‚Lehrlinge' als Kredit, für den Nachschub sind sie selbst verantwortlich, den kaufen sie auf eigene Rechnung, und den Kredit zahlen sie langsam ab. In welcher Höhe die Raten liegen, wird vorher geregelt, auch, wie viel Profit sie machen dürfen, denn die Rückzahlung des Kredits geht vor. Das ist das Prinzip der Kleinkredite."

Die Idee war, die „Barfußdoktoren" gleichzeitig als „Barfußlehrer" zu den Nomaden zu schicken. Es sind Leute, die zum Teil nicht hier im Ort leben, sondern draußen bei ihren Tieren. Wir stellen uns vor, in der Zukunft mit ihnen zusammenzuarbeiten. Die Lehrer sollen nicht nur ihr Wissen um die Tiermedizin weitergeben, sie könnten die Nomaden auch unterrichten, dort wo sie leben. Das muss ja nicht viel sein, ich denke an das Niveau der zweiten, dritten Klasse: ein wenig Kisuaheli, ein paar englische Vokabeln, lesen, schreiben und rechnen, dann noch ein paar andere nützliche Dinge wie Hygiene, Vorbeugung von Krankheiten, Tierversorgung, Umweltbewusstsein. Das wären Fächer, die im normalen Schulunterricht nicht vorkommen. Wie lange jemand braucht, um auf das Niveau eines Zweit- oder Drittklässlers zu kommen, ist im Endeffekt ja eigentlich egal. Unser Ziel ist es, den Menschen eine Grundbildung zu vermitteln, dass sie die Sprache der Geschäftsleute verstehen und nicht übers Ohr gehauen werden, und dass es zur Verständigung mit dem Nachbarstamm ausreicht. Jeder Stamm spricht eine eigene Sprache, aber Kisuaheli ist die Grundsprache in Kenia. Als wir einmal einen kranken Dasanetsch mit nach Marsabit genommen hatten, musste er, da er selbst kein Kisuaheli beherrschte, von einem Familienmitglied begleitet werden, das in der Lage war zu übersetzen. Wenn die Leute Kisuaheli wenigstens in Grundbegriffe kennen würden, könnten sie sich auch außerhalb ihres Stammes leichter verständigen. Wir versuchen es anzuschieben, es läuft langsam an. Sehr langsam, aber das spielt für uns, wie so oft, keine Rolle.

„Barfußlehrer", die wie unsere „Barfußdoktoren" über Land ziehen und den Nomaden etwas Bildung bringen – das wäre etwas, und wir denken schon länger darüber nach. Im großen Stil lässt sich Bildung so aber nicht „an den Mann" bringen. Bildung muss in irgendeiner Weise institutionalisiert werden, ihre Vermittlung ist an ein Haus gebunden. Erziehungsfragen, die Durchführung des Unterrichts, der darin dann stattfindet, muss jedoch auf die kulturellen und sozialen Bedürfnisse der Nomaden ausgerichtet sein, sonst erreicht man sie nicht. Und ein Nomade muss dorthin ziehen, wo sein Vieh etwas zu fressen findet, er ist mal hier, mal dort, und manchmal auch nicht aufzufinden in der Weite der Landschaft.

Wir versuchen, ein breit angelegtes Erziehungs- und Bildungssystem aufzubauen. Das kenianische Bildungssystem, das sich eng an europäische Systeme anlehnt, ist ein Einheitssystem für das ganze Land. An sich ist es nicht schlecht, berücksichtigt aber nicht immer die unterschiedlichen Verhältnisse, die im Land herrschen. In Gebieten, in denen Nomaden leben, empfiehlt sich kaum ein System, das die Sesshaftigkeit der Bevölkerung zur Voraussetzung hat. Es wirkt wie übergestülpt, kann nie ein System für die gesamte Bevölkerung werden.

Sesshaft sind hier vielleicht ein Viertel, höchstens ein Drittel der Menschen, diejenigen, die in Illeret und Selichio wohnen, alle anderen sind Nomaden. Das Schulsystem, so wie es ist, bezieht also nur eine Minderheit der Kinder ein, und selbst die sind nicht alle für den Schulbesuch zu gewinnen, weil sie als Viehhüter gebraucht werden. Kinder, die sich darin weniger geschickt anstellen, besuchen eher die Schule als diejenige, die es können. Das hat zur Folge, dass sich bei uns in der Schule die tendenziell weniger begabten Kinder einfinden, und die begabteren Kinder bleiben fern, denn sie unterstützen ihre Familien.

Das Gebot der Nächstenliebe

Alle Stämme hier glauben in irgendeiner Weise an Gott, nur ist ihre Vorstellung von Gott nicht allzu konkret beschrieben. Auch haben sie ihre eigenen Formen des Gebets, jeder Stamm für sich. Das ist hier so, jeder Stamm ist für sich und soll für sich bleiben, andere Stämme, selbst die in der Nachbarschaft, werden eher als Feinde betrachtet. Wie tief dieses Denken verankert ist, wurde mir einmal sehr deutlich vor Augen geführt, als ich mit Pater Winfried zusammen im Aror-Tal tätig war.

Wir hielten uns bei den Maraket auf. Auf der anderen Seite des Flusses lebten die Bogot, der Nachbarstamm. Immer wieder kam es zu Auseinandersetzungen zwischen beiden, auch zu Kämpfen. Pater Winfried thematisierte das Problem in der Schule, direkt anhand des Gebots der Nächstenliebe: „Wen sollst du lieben?", fragte er. Deinen Nächsten, deine Eltern, deine Geschwister, deine Nachbarn, kam zur Antwort. „Und die Brüder in der Mission?" Ja, die auch, natürlich. „Und die Schwestern, die Nurses?" Auch die, selbstverständlich, antworteten die Kinder, und das war erfreulich, denn die Schwestern gehörten zum Teil anderen kenianischen Stämmen an. „Und die Bogot?" fragte Pater Winfried weiter: Nein, die nicht, das kam ganz entschieden, vor allem von den kleineren Schulkindern. Es war einfach zu tief drinnen verankert, dass die Bogot die Feinde sind. Pater Winfried fragte weiter nach: „Ja, sind das denn keine Menschen, die Bogot? Sind das etwa Ziegen oder Leoparden?" Und so kamen die Kinder drauf, auch die Bogot sind Menschen, die der gleiche Gott erschaffen hat. Wenn Gott aber sagt, man soll seinen Nächsten lieben, bedeutet das, dass man ihn als seinen Bruder liebt, sei er Bogot oder Angehöriger eines anderen Stammes. Selbst, wenn du weiterhin sagst, der da ist ein Feind, und du lehnst ihn ab, sagt Gott uns: Du sollst ihn trotzdem lieben, denn er ist immer noch mein Kind.

Zählen lernen mit Äpfeln – aber was ist ein Apfel?

Als ich in Leutstetten zur Schule ging, Ende der 60er Jahre, gab es dort nur genau eine Klasse mit einem Lehrer. Ein Raum mit 21 Schülern von der ersten bis zur achten Klassenstufe. Der Lehrer schaffte es, sie alle auf dem jeweils passenden Niveau zu unterrichten, indem er entsprechende Arbeitsaufträge vergab, diesen etwas diktierte, jene eine Stillarbeit machen ließ. Das kenianische Schulsystem sieht mehrere Klassen und Jahrgangsstufen vor, und an einer Schule sind immer mehrere Lehrer angestellt. Das setzt natürlich voraus, dass eine Schule eine gewisse Anzahl an Schülern vorzuweisen haben muss, um wirtschaftlich tragbar zu sein.

Ich könnte mir vorstellen, unter den Dasanetsch Leute zu einfachen Lehrern auszubilden, Leute, die bereit sind, weiter mit ihrem Stamm, ihren Angehörigen herumzuziehen und jeweils vor Ort die Kinder und auch die Erwachsenen, so sie lernen wollen, zu unterrichten. Die Unterrichtsstunden sollten in den Tagesablauf der Männer, Frauen und Kinder, kleine und größere, eingepasst werden, denn sie alle müssen ja ihrer Arbeit nachgehen wie vorher auch, um sich und ihr Vieh zu versorgen. Die Jungen zum Beispiel müssen das Vieh hüten, die Mädchen Wasser holen, aber nicht den ganzen Tag. Die Jungen ziehen erst um neun Uhr morgens los, ihr Tag beginnt aber schon um fünf oder sechs, also wäre ja am frühen Morgen Zeit sie zu unterrichten. Gegen Abend, wenn sie wieder zurück sind, wäre auch wieder Zeit. Die Männer sind in der Früh und am Abend beschäftigt, wenn die Tiere zurückkommen. Aber dazwischen haben sie den ganzen Tag frei. Die Frauen sind am Vormittag beschäftigt vom frühen Morgen bis zum Mittag, Holz sammeln, Wasser holen, kochen. Am Nachmittag haben sie Zeit.

In Indien gibt es eine Schule, in der ein solches einklassiges, stufenloses System umgesetzt ist, die Hare Krishna Foundation hat es eingeführt, eine junge Lehrerin hat mich darauf gebracht. Es ist auf den Traditionen und der Muttersprache aufgebaut, führt aber auf die Landessprache und das allgemeine Landesschulsystem hin.

Das ist nun wahrlich kein Kurzzeit-Projekt, sondern auf lange Sicht angelegt. Es bedarf einer intensiven Vorbereitung, das gesamte Schul- und Unterrichtsmaterial muss ja daraufhin ausgerichtet sein und erst noch entwickelt werden.

Die Inder sind uns eine große Hilfe, wie sie auch andere, die an diesem Unterrichtssystem interessiert sind, sehr gerne unterstützen. Der Haken ist, dass sich das Material, das sie auf ihre Bedürfnisse zugeschnitten und in ihren Sprachen formuliert haben, nicht ohne Weiteres ins Englische und daraus in andere Sprachen übertragen lässt.

Ein Beispiel für das Übertragungsproblem, das sich auch für uns stellt: In Kenia sollen die Kinder lernen, mit Äpfeln zu zählen. Die gibt es aber nur im Hochland, sonst nirgends. Die Kinder fragen natürlich, was ist ein Apfel? Und so geht das weiter, was immer man auch nimmt, eine Mango, eine Ananas, ein Maiskolben – den Dasanetsch etwa sagt das überhaupt nichts. Ziegen, Steine, das ja, so kann man für sie die Mathematik anschaulich und begreifbar machen. Den Kindern erst abzuverlangen sich einzuprägen, was ein Maiskolben ist und dann erst mit dem Zählen anzufangen, das ist doch unsinnig. Unterricht muss mit der Lebenswelt zu tun haben, mit den Lehrmitteln arbeiten, die sich im Alltag finden, sonst ist es aufgesetzt und nur unnötig kompliziert.

Ziegen zählen die Kinder sowieso, nicht jedoch auf die Art, die uns vertraut ist. Sie zählen sie nicht ab – wenn

Die Zukunft Illerets

jemand dahinterkommt, werden sie sogar gescholten –, sondern sie „kennen" sie. Man weiß ja hier, welches Tier von welchem abstammt, kennt die verwandtschaftlichen Beziehungen, hat zu jedem den Stammbaum parat wie seinen eigenen, weiß den Vater, den Großvater, Nichten, Neffen. Selbst jemand, der tausend Stück Vieh hat, „kennt" seine Tiere auf diese Weise, er „merkt" sie sich. So gesehen ist das Viehhüten eine Wissenschaft für sich, dafür braucht es Intelligenz. Unser Lehrer sagte nicht umsonst, die Guten, die Begabten bleiben zu Hause und die, die nichts taugen, versuchen in der Schule ihr Glück. Diese Aussage ist keinesfalls diskriminierend gemeint. Sie wissen sehr genau, was sie zu tun haben, denken im größeren Zusammenhang. Jemand, der sein Vieh nicht „zählen" kann, die Tiere nicht „kennt" oder das nur in begrenztem Maße hinbekommt, der wird nie tausend Tiere haben können, kommt vielleicht über hundert nicht hinaus, weil er sich nicht mehr merken kann. Und wer nicht gescheit achtgeben kann, wird Tiere verlieren, durch Diebstahl oder weil sie sich verlaufen, und es wird ihm vielleicht noch nicht einmal auffallen. Ein Sprichwort wie „Die dümmsten Bauern ernten die dicksten Kartoffeln" ist absolut nicht übertragbar auf die kenianischen Viehhirten. Wer hier nicht über die nötige Intelligenz verfügt, wird nie ein reicher Mann werden.

Nicht jeder Bau ist gut durchdacht

Ich spreche ungern von Zukunftsprojekten, denn das würde einen Abschluss beinhalten, und ich für meinen Teil schließe Projekte grundsätzlich nicht ab, weil man auch das Leben nicht abschließt oder gar abhakt. Die Dinge sollen lebendig bleiben, so auch Projekte, denn es geht ja vorrangig um eines, um das Leben.

Zurzeit arbeiten wir am Bau eines Büros für die Tierärzte ohne Grenzen. Diese internationale Organisation, die Sitze in Belgien, der Schweiz und Deutschland hat, arbeitet schon länger hier in Kenia. Begonnen haben sie vor zwei Jahren in Illeret, auf Drängen der Mission. Wir wollen sie möglichst hier halten, weil das eine weitere Entwicklungsmöglichkeit darstellt, auch wenn es sehr viel Verwaltungsarbeit und Papierkram bedeutet. Wenn sie ihr Büro woanders hin verlegen, dann geht vor Ort noch weniger voran. Wir wollen ihnen ein größeres Büro bauen, das sie dann mieten können, denn ihre Finanzierung ist immer nur kurzfristig gewährt, sodass sie selbst nicht bauen würden.

Was wir noch bauen wollen, ist ein Generator und eine Maismühle. Das klingt vielleicht banal, für Menschen die keine Zähne haben – Kinder und älteren Menschen – wäre die Mühle aber ein Segen: Wenn man die Maiskörner nicht so gut kauen kann, kann der Körper nur einen kleinen Teil der Nährstoffe aus dem Mais gewinnen. Maismehl ist da viel praktischer und letztlich gesünder. Die Menschen könnten ihre Nahrung auf diese Art viel besser verwerten. Eine Erweiterung der Kirche wäre auch fällig. Sie ist nun 15 Jahre alt und viel zu klein geworden.

Ich möchte mit den Menschen vor Ort arbeiten. Es gibt nicht viele mit Ausbildung und Erfahrung, die müssen sie erst erwerben. Beispielsweise musste ich für den Hausbau in Illeret einen Maurer aus meiner früheren Pfarrei im Kerio-Tal kommen lassen, weil es hier niemanden mit den nötigen Kenntnissen gab. Der Maurer fungierte einerseits als Handwerker, andererseits gleich als Lehrer für die Leute hier, das war meine Bedingung gewesen. Wenn man die Leute anleitet, lernen sie gleich etwas fürs Leben, und wir werden wieder ein Stück selbständiger hier. Ich schaue öfter nach dem Rechten, ob die Wände auch gerade sind und so weiter, aber das bekommen sie schon recht gut hin. Sie sollen lernen, eine gute Arbeit zu machen, auch wenn es den Bau verlangsamt. Lernen braucht Zeit, es kostet mitunter mehr als ein professioneller Bau, weil wir teilweise das Material doppelt kaufen müssen, aber das ist eben das Lehrgeld. Wenn wir das nicht tun, kann sich lokal nichts entwickeln. Ein Bauherr von auswärts kommt her, stellt das Gebäude hin und zieht wieder ab. Was die Menschen aber selbst gebaut haben, ist ihres, ihr Missionsgebäude, da steckt ihr Herzblut mit drin. Wir müssen Teil der Gesellschaft sein und mithelfen, sie als Ganzes aufzubauen.

Das kleine Health Center, in dem die Menschen hier ihre Medizin bekommen, soll ausgebaut werden zum Regionalcenter, so will es zumindest die Regierung. Wenn die Mission einwilligt, wird es ein ganz normales Regierungshospital mit Ärzten und allem, was dazugehört. Nur Medizin wird es dann nicht mehr geben, das ist in Regierungshospitälern einfach nicht vorgesehen. Die Ärzte stehlen oft die Medikamente und verkaufen sie unter der Hand. Am Ende also wäre die Bevölkerung in puncto medizinischer Versorgung schlechter gestellt als vorher. Deswegen lehnen wir die Pläne der Regierung ab, sie sollen selbst etwas bauen, wir behalten lieber unseren Laden, ohne Doktor, aber die Leute kommen weiter an ihre Medikamente. Der Laden kostet uns eine Stange Geld, es ist ein Zuschussbetrieb, auch wenn die Leute etwas dafür bezahlen. Gedeckt werden dadurch vielleicht sechzig Prozent der Kosten, den Rest legen wir drauf, nicht gerade wenig.

Ein Regierungshospital wäre zwar voll ausgestattet, aber das Management lässt zu wünschen übrig. Das gilt auch für die Kontrollen. Medikamente sind in privaten Apotheken erhältlich. In Marsabit zum Beispiel hat jeder Arzt seine eigene Apotheke, irgendwo in der Stadt. Da bekommt man

Medizin der Marke Chiojoke of Kenya. Im Hospital werden nur Aspirin, Glophin und andere Schmerzmittel ausgegeben, die normalen kleinen Sachen also, leider nicht allzu viel mehr. Als Bonifaz noch als Krankenpfleger in Illeret tätig war, ließ er ab und an ein paar Medikamente mitgehen, um sie in die Mission zu bringen. So konnten wir, trotz der einfachen Medizin, einigen Leuten das Leben retten, sie wären uns weggestorben, wenn Bonifaz die Medikamente nicht gestohlen hätte.

Von Termiten zerfressene Geldscheine

Es gibt Bereiche, die größere Investitionen erfordern, zum Beispiel die Fleischverarbeitung. Wenn es uns gelänge, die Fleischverarbeitung hier zu ermöglichen, hätte das entscheidende Vorteile:

Das Vieh müsste dann nicht mehr länger abtransportiert werden, sondern würde hier aufgekauft, geschlachtet, verpackt, tiefgefroren, was immer möglich ist. Das würde eine ganze Reihe Arbeitsplätze schaffen und die Wirtschaft ankurbeln. Wir sind dabei, die Pläne dafür auszuarbeiten, brauchen aber noch jemanden, der uns ausrechnet, welchen Umfang die nötigen Investitionen haben müssten. Dann können wir abschätzen, ob unsere benediktinische Gemeinschaft diese Investition stemmen kann. Angedacht ist, in Richtung Kleinkredit zu gehen. Das heißt, man kauft den Nomaden ihre Tiere ab schlachtet und verarbeitet das Vieh hier. Gleichzeitig gibt man den Nomaden die Möglichkeit, ihr Geld zu hinterlegen, wie in einer Bank. So könnten sie ihr Vieh dann verkaufen, wenn die Tiere wohlgenährt sind, am Ende der Regenzeit. Und wenn dann die lange Trockenzeit einsetzt, könnten sie sich von dem Geld Essen kaufen. Geld ist einfach besser zu lagern als Essen, vor allem über eine längere Zeit. Bisher verstecken die Nomaden ihr Geld irgendwo, und es kommt immer wieder vor, dass sie zu mir kommen mit von den Termiten halb aufgefressenen Geldscheinen.

Der Norden ist die Fleischkammer des Landes. Das bisschen Viehhaltung, das in der Zentralprovinz und anderswo betrieben wird, reicht einfach nicht aus, um die Städte mit Fleisch zu versorgen. Dabei sind die Menschen in der Stadt diejenigen, die Geld haben, die sich Fleisch leisten können. Je mehr die Regierung in die Verbesserung der Straßen investieren würde, desto mehr würde sich das Leben hier verbessern, weil der Transport günstiger würde und der Profit höher ausfiele.

Das Problem ist, dass der Norden Kenias einfach nicht als Wirtschaftszone wahrgenommen wird, von den Politikern nicht, aber auch von den Menschen, die hier leben, nicht. In meiner Zeit als Prior war im Norden Kenias einmal die Rinderpest ausgebrochen. Es durfte kein Vieh von dort mehr transportiert werden. In Nairobi ging das Fleisch aus, es gab keines mehr, die Fleischpreise schnellten in die Höhe. Erst da wurde deutlich, dass der Norden mit seinen Wüsten- und Halbwüstengebieten und seinem „Armutsimage" der wichtigste Fleischlieferant für Nairobi ist. Kaum war die Rinderpest vorbei, war das aber wieder vergessen.

Der Bau des sogenannten East African Highway, eine zukünftige Hauptverbindungsstraße, die einmal von Äthiopien hierher führen soll, wurde in den letzten zwanzig Jahren schon zweimal geplant und auch finanziert, aber passiert ist nichts. Der Grund ist die Korruption, in Nairobi, aber nicht nur dort, ebenfalls in Marsabit, überall im Land.

Einige Geschäftsbosse waren gegen den Straßenausbau, weil sie das Monopol auf den Transport hatten. Jetzt, wo die Konkurrenz durch viele Lastwagenbesitzer größer geworden ist, sind sie ebenfalls für den Bau der Straße.

Das Geld für den Schulbau zum Beispiel kommt vom „Community Development Trust Fund". Das sind Gelder aus einem Unterstützungsprogramm der Europäischen Union, die direkt in die lokale Verwaltung gehen. Kontrolliert wird die Verteilung nach wie vor von Nairobi aus, aber die Politik ist nicht zwischengeschaltet, das ist ein großer Fortschritt. Eine Schule, die von der Mission gegründet wurde, ist jetzt in staatlicher Hand.

Durch die Fleischverarbeitung würde den Nomaden ein Einkommen verschafft und gleichzeitig ihren Kindern. Arbeitsplätze sind die Lebensgrundlage für Familien.

Was aber braucht man für die Fleischverarbeitung? Zuallererst ein Schlachthaus mit Kühl- und Tiefkühlanlage, das wiederum braucht Energie. Die Energieversorgung, die wir bisher haben, besteht aus einem einzigen Dieselgenerator, den wir noch nicht einmal für die Lichterzeugung anwerfen, sondern lediglich für das Schweiß- und Schleifgerät in der Werkstatt. Für das Haus haben wir eine Solaranlage, aber die wäre für den Betrieb eines Kühlhauses nicht ausreichend. Ein größerer Windgenerator wäre vielleicht eine Lösung, Wind weht hier viel und relativ regelmäßig.

Es geht darum, Wege aufzuzeigen, die Initiative zu ergreifen. Sollte die Fleischverarbeitung gut anlaufen, geben wir sie ab, wir wollen sie ja nicht zum Monopol ausbauen, das können ruhig die lokalen Unternehmer übernehmen, wir widmen uns dann wieder neuen Dingen, in Bereichen, in denen Entwicklungen dringend notwendig sind.

Mehr Ampeln, mehr Verkehrsunfälle

An der traditionellen Handarbeit festzuhalten, kann viel sinnvoller sein als die vorschnelle Einführung von arbeitserleichternden Gerätschaften. Warum den Menschen die Arbeit wegnehmen? Arbeitskräfte gibt es wirklich mehr als genug, allein in den Slums von Nairobi: Zehntausende suchen Arbeit, alle kommen aus ländlichen Gebieten.

Arbeitslosigkeit ist ein ganz großes Problem, nicht nur in Illeret, sondern in ganz Afrika. Auch im Kerio-Tal hat sich das gezeigt, obwohl auf dem Land nicht viel von Arbeitslosigkeit gesprochen wird, denn ein Landbewohner, der keine Arbeit hat, wird gar nicht als Arbeitsloser gezählt.

Arbeitsplätze im Angestelltenverhältnis sind heiß begehrt, denn sie sind im Land sehr rar gesät. Wenn jemand das Glück hat, nach der Schule eine solche Stelle zu ergattern, eine im wirtschaftlichen Sinne „gute" Arbeit, fällt gleich die ganze Familie über ihn her und will daran teilhaben. Verübeln kann man es ihr nicht.

Wo immer ich Arbeit und Jobs zu vergeben habe, zahle ich lieber vielen Menschen niedrigere Löhne als wenigen hohe. Das heißt, der einzelne bekommt weniger, dafür kann ich aber mehrere Leute anstellen, sodass das Geld breiter gestreut unter die Leute geht. Dann hat jeder etwas zu tun, verdient sein Geld, auch wenn es nicht viel ist, aber es geht gerechter zu. Leider kommt gerade auf Regierungsebene von auswärts, aus Europa, der Druck, bessere Löhne zu zahlen, um die Korruption einzudämmen. Aber das ist eine Milchmädchenrechnung, das funktioniert nicht, wird nie funktionieren. Je bessere Löhne gezahlt werden, desto höher werden auch die Summen, die bei Korruption eine Rolle spielen.

Hilfs- und Entwicklungsorganisationen versuchen, die

Arbeitslosen mit Selfemployment (in Deutschland nennt man das „Ich-AG") aufzufangen und stellen sie an eine Art Würstchenbude, aber das sind doch Tropfen auf den heißen Stein. Ich bin zwar nicht dafür, dass die Regierung alle Leute anstellt, aber man muss Arbeitsplätze erhalten und neue schaffen. Hält man die Löhne niedrig, gibt es Arbeit für alle. Je mehr Leute man anstellen kann, desto besser.

In den letzten Jahren hat die Regierung mit Hilfe der Weltbank mehr und mehr Arbeitsplätze abgebaut – durch die Unterstützung stiegen die Löhne der Arbeiter. Die Zahlung von hohen Löhnen wiederum reduziert die Zahl der Beschäftigten, das lässt sich doch leicht ausrechnen. Die Arbeit wird nicht weniger, man muss denen, die Arbeit haben, sehr viel mehr Leistung abverlangen, und gleichzeitig müssen diese wenigen Arbeiter die anderen, die keine Arbeit haben, durchfüttern. In Europa hat man Sozialsysteme, die Beschäftigten zahlen Steuern und Versicherungen usw. und finanzieren damit die anderen mit. Hier ist die Familie, die Verwandtschaft das soziale Netz. Jedes Familienmitglied, das Arbeit hat, steht unter großem Druck, denn der Rest der Familie liegt ihm oder ihr auf der Tasche, da ist Schulgeld für die Kinder zu zahlen, die Kosten für die kranken Angehörigen und so fort.

Wenn man aber mehr Menschen niedrigere Löhne zahlt, dann reduziert sich der Druck und verteilt sich auf mehrere. Beim Straßenbau beispielsweise stellt sich immer die Frage: Maschinen oder Handarbeit? Maschinen und die Finanzierung kommen von auswärts, aus China oder Europa. Der Großteil des Geldes fließt zurück in das Geberland, in die Industrie, die Geberländer sind ja gar nicht daran interessiert, mit vielen Menschen zu arbeiten, sie wollen ihren Gewinn machen.

Ein Caterpillar, eine Baumaschine, kostet 36 Millionen

Kenia-Schilling, etwa 360.000 Euro. Für das gleiche Geld könnten zehntausend Leute eingestellt werden und ein Jahr lang arbeiten. So würden diese 36 Millionen Schilling im Land bleiben und unter das Volk kommen, denn die Arbeiter geben das Geld ja aus für Lebensmittel und Kleidung, sie bauen Häuser davon und stärken somit die heimische Wirtschaft. Auf jeden Schilling, den sie ausgegeben, kommt 16 Prozent Mehrwertsteuer, es käme also so viel zusammen, dass sie ein zweites Jahr lang arbeiten könnten. Der Kreislauf würde sich schließen, man könnte das immer so weiter führen.

Ein altgedienter kenianischer Minister war so schlau, die Polizisten auf die Straßen zu schicken, um den Verkehr zu regeln, als die Ampeln, die man teuer aus dem Ausland hatte kommen lassen, den Geist aufgaben und niemand mehr wusste, ob man sich nach ihnen richten konnte oder es besser bleiben ließ. Auf den Hauptstraßen zeigen die Ampeln ein ewiges rotes, auf den Nebenstraßen ein ewiges grünes Licht und so brettert jeder einfach durch, egal, aus welcher Richtung er kommt.

In Eldoret gab es keine großen Unfälle, nur ab und zu mal kleinere Karambolagen – bis an einer Kreuzung eine Ampel installiert wurde. In der Folge kam es zu fatalen Unfällen, weil die Fahrer Ampeln an der Hauptstraße nicht gewohnt waren, fuhren einfach durch, wie sonst bei wenig Verkehr. Die Fahrer, die von den Nebenstraßen kamen, fuhren bei Grün und schon gab es Tote. Besser wäre es, Polizisten anzustellen, dann haben sie etwas zu tun, und der Verkehr fließt ungestörter.

Wenn in Nairobi Polizisten an den Kreisverkehren stehen, dann läuft es, dann bemühen sich alle um Disziplin. Warum also nicht mehr Polizisten auf die Straßen schicken? Hinter jedem Polizisten steht immer eine Großfamilie, die von seinem Gehalt lebt, das darf man nicht vergessen.

Auf diese Art, durch viele kleine Veränderungen, die sich summieren, könnte die Korruption angegangen werden. Aber solange die Leute keine Alternativen sehen, ihren Lebensunterhalt und den ihrer Familien zu bestreiten, kann sie nicht bekämpft werden.

FORTSCHRITTE SIND SICHTBAR

Etwas in Gang bringen

Zwischen dem Illeret meiner Ankunft und dem Illeret von heute liegen Welten. Als ich damals mit dem Auto herkam, kamen gleich zweihundert Leute angerannt, ein Auto war eine Sensation. Nicht nur das hat sich grundlegend geändert, seitdem wir Benediktiner hier hergekommen sind und angefangen haben, unser Zuhause aufzubauen. Die Menschen sahen in uns ein Vorbild und begannen es nachzuahmen: Arbeiten, um weiterzukommen, das ist möglich. Selbst, wenn früher jemand ein Haus selbst hätte bauen wollen, er hatte nicht die Möglichkeiten dazu. Es sei denn, er hätte Geld genug gehabt, um einen Lastwagen mieten und das gesamte Material herbeiholen zu können. So viel Geld hatte niemand, auch nicht diejenigen, die auswärts arbeiteten, ihr Gehalt sparten und dann heimkamen, es reichte nicht.

Die anderen besitzen allenfalls etwas Geld, das, was sie hier verdienen. Erst, seit es die Mission gibt, kommen sie an Baumaterial, packweise, immer in Stücken, und verarbeiten es dann. Beim Bau der Mission hatten wir eigentlich immer Material auf Lager, das wir zum Teil verkaufen konnten. Dann kamen die Einwohner, kauften hier zwei Sack Zement, da ein Stück Blech, Holz, Nägel und diese ganzen kleinen Sachen, die man für den Hausbau braucht. Organisationen können so nicht arbeiten, weil die ein fixes Budget haben und das Material für ihre Projekte quasi abgezählt herbeibringen. Verkaufen sie etwas unter der Hand, ist es Korruption. Weil wir vor Ort leben, hier zu Hause sind, war und ist es möglich, von Zeit zu Zeit kleine Mengen zu verkaufen, ohne uns einem Verdacht auszusetzen. Auf diese Weise konnten viele am Ort beginnen, eigene Häuser zu bauen.

Zuerst waren es die Somalis, die von auswärts herkamen, um Geschäfte zu machen. Aber inzwischen gibt es auch Dasanetsch, Leute von hier, die es mit dem Aufbau kleiner Läden versuchen. Die kommen und fragen: „Kannst du mir nicht einen Sack Zucker mitbringen?", oder dieses und jenes. Über die Mission haben sie die Möglichkeit, sich eine kleine Existenz aufzubauen. Ein funktionierender Lorry, unser Lastwagen, ist eine weitere Bedingung dafür.

Inzwischen gibt es einige wenige Privatautos hier. Zum einen ein alter Landrover, er gehört Abidax, einem Somali-Businessmann, der vor meiner Zeit gekommen ist. Die Leute erzählten mir, dass er den Kopf voller Läuse hatte, als er hier ankam, einen Sack Mehl unterm Arm, das war alles, was er hatte. Mit diesem Mehl hat er sein Business gestartet und war der erste Autobesitzer am Ort.

Für den Fernverkehr taugen diese Autos nichts, sie sind für kleine Fahrten in der Region im Umkreis von zwanzig, dreißig Kilometern gedacht, etwa zum See hinunter, um Fische zu kaufen und Güter abzuholen, die per Boot über den See geschippert werden, und sie dann ins Center zu bringen.

Die Dinge entwickeln sich, einen Rückwärtsgang scheint es nicht zu geben, auch wenn ich über längere Zeit weg bin. Vielleicht geht dann einiges langsamer, meine Mitbrüder wachen vielleicht anders über die Dinge, nach anderen Prinzipien, aber sie sind da, die Mission ist da. Die drei Jahre Abwesenheit in meiner Zeit als Prior war für mich eine Zeit des Abstands und für die Menschen in Illeret die Möglichkeit zu sehen, wie es ist, wenn sie nicht gefordert werden. Denn ich bin hart im Fordern, sehr forcefull, wie man im Englischen sagt, ich dränge die Menschen, schiebe Entwicklungsgänge an und lasse nicht locker. Da sie sich während meiner Abwesenheit nicht selbst gefordert haben, ist vieles einfach eingeschlafen. Sie wissen jetzt, dass sie entweder gefordert werden oder sich selbst fordern müssen, weil sonst nichts vorangeht.

Jedes Wagnis kann auch scheitern

Zweifel sind immer da, man kann nie hundertprozentig sicher sein, ob das, was man tut, das Richtige ist. Aber man muss vorwärtsgehen, dabei immer wieder zurückschauen, denn erst im Rückblick kann man die Zweifel bewältigen und sehen, ob sie berechtigt waren oder nicht. Ich habe oft realisieren müssen, dass ich Dinge falsch gemacht habe, dass ich Sachen hätte besser machen können. Aber man darf an den Fehlern nicht kleben bleiben, man muss die Größe haben, sich Fehler einzugestehen, nicht zuletzt im Vertrauen auf Gott weitergehen, denn Gott verzeiht einem jeden Fehler und lässt einen nicht allein.

Vielleicht war es ein Fehler, 2006 das Amt des Priors zu übernehmen, vielleicht aber auch nicht, ich kann es selbst nicht so genau sagen. Die Gemeinschaft hatte mich ja gebeten, es für drei Jahre zu übernehmen. Vieles in Illeret ist einfach liegengeblieben in dieser Zeit, und das aufzuholen und wieder in Gang zu bringen hat Kraft gekostet. Es hatte sicherlich sein Gutes, ein wenig Abstand zu haben von Illeret, auch für die Gemeinde wird es nicht schlecht gewesen sein, Abstand von mir zu haben. Was ich in der Zeit als Prior gelernt habe, war, dass es nicht reicht, die Mitbrüder irgendwo hinzuschicken, wenn sie nicht mit dem Herzen dabei sind, sondern es nur aus Gehorsam tun.

Alles in Allem war es keine einfache Zeit, aber ich habe dazugelernt. Meine Berufung sehe ich aber nicht im Amt eines Oberen, nicht auf Dauer.

Mein Lieblingsbeispiel aus der Heiligen Schrift ist die Geschichte von König David. Zugegeben, es ist nicht die rühmlichste Geschichte über König David. Er nahm sich Batseba, die Frau von Uria, einem Mann in Davids Heer. Aus dieser Verbindung sind dann Davids Nachkommen hervorgegangen – ein Familienstammbaum, der dann bis zu Jesus führt. David sah seinen Fehler ein, tat Buße dafür, und Gott verzieh ihm seinen Fehler. Unsere Fehler sind also nicht Endstationen, sondern Lernstationen.

Wer die Menschen hier mit Strenge behandelt, muss damit rechnen, als Kolonialist bezeichnet zu werden. Das kann einen positiven Beiklang haben, ist aber meistens negativ gemeint, auch wenn der Betreffende gar kein Europäer ist. Ich habe auch schon zu hören bekommen, ich sei ein Kolonialist, und es klang nicht gerade wie ein Kompliment. Als ich darauf die Frage stellte: „Warum wollt ihr dann trotzdem, dass ich hier bin?", kam zu meinem Erstaunen die Antwort: „Weil wir von deinem kolonialistischen Stil etwas lernen können". Mögen sie mich auch als Kolonialisten sehen, sie akzeptieren es. So interpretiere ich ihre Entgegnung, und sehe mich durch das bestätigt, was ich täglich erfahre. Auch wenn es hart für sie ist, immer wieder gefordert zu werden, es lohnt sich für sie, es hilft ihnen weiter. Sie sind dankbar, das ist zu spüren. Leicht ist es nicht, sich anhören zu müssen, ein Kolonialist zu sein oder einen Kolonialstil zu haben. Aber es steckt auch ein Kompliment darin, weil sie sehen, dass ich von mir das Gleiche fordere wie von ihnen, oder noch mehr.

Helfen, den Anfang zu machen

Die Menschen hier sind sich ihrer Passivität nicht bewusst. Mehr Aufgeschlossenheit, mehr Offenheit für die größeren Zusammenhänge, für das Denken in globalen Dimensionen würde ich ihnen wünschen. So bleiben sie nur in den Bewusstseinsinhalten, die ihre kleinen, heimischen Stammesbereiche berührt. Wir versuchen, es ihnen bewusst zu machen, weil nur so Entwicklung betrieben werden kann, aber die alten Denkweisen sind stark. Probleme lassen sich nur im ganz persönlichen, im privaten Gespräch mit den Einzelnen oder kleinen Gruppen besprechen. Hierbei tritt oft auf, was allgemein menschlich ist: den Fehler bei den anderen zu suchen, den anderen die Schuld zuzuschieben, das macht der Mensch eben gern. Sie zur Einsicht zu führen, dass viele ihrer Probleme auf sie selbst zurückgehen, selbst gemacht sind, das ist unsere Absicht. Es ist leicht, die Regierung anzuklagen, weil die nichts tut, leicht, der Mission vorzuwerfen, dass sie sich nicht kümmert, der Natur anzulasten, dass sie so unbarmherzig ist. Sie sehen nicht, dass es nutzlos ist, so zu denken, weil man darauf keinen oder nur geringen Einfluss hat – sie sollten bei sich selbst anfangen, auf sich selbst haben sie den größten Einfluss, hier können sie etwas ändern.

Man darf den Menschen nicht immer einfach geben, was sie fordern, darf nicht sagen, sie sind ja sowieso arm, man muss ihnen helfen. Wenn man so denkt, werden sie immer arm bleiben und sich nie ändern. Man muss sie herausfordern und ihnen den Weg zeigen, wie sie dieses oder jenes bekommen, durch Arbeit, durch Arbeit an sich selbst.

Das ist nicht einfach, das muss jeden Tag geübt werden, nicht nur in den großen Dingen, sondern auch in alltäglichen Situationen, in Begegnungen, in Gesprächen, den kleinen Auseinandersetzungen des Alltags. Das ist mühevoll, auch für uns, immer wieder auf Einsicht und Entwicklung zu drängen. Man muss ihnen zuhören, Geduld haben, herausfinden, was sie wollen, wohin sie streben. Viele Dinge kann man nicht aus eigener Kraft erreichen, man braucht Hilfe, um einen Anfang zu machen. Aber solange sie nicht selbst einen Schritt vorwärts machen, wird gar nichts gehen. Also gilt es, sie immer wieder auf sich selbst zurückzubringen: Welcher Teil ist deine Verantwortung, welchen

Schritt kannst du machen? Erst dann ist unsere Hilfe sinnvoll, vorher nicht.

Fortschritt und Veränderung sind nicht mehr aufzuhalten, denn die Welt klopft ständig an die Tür. Kontakte nach außen sind da, das ist ja auch wichtig und soll so sein, Verbindungen, Geschäfte, Polizei, die ganzen Errungenschaften der Zivilisation, sie sind da und niemand will die Zeit zurückdrehen. Es geht darum, den Menschen zu zeigen und bewusst zu machen, wie sie mit dem Fortschritt umgehen und leben können.

Der Fortschritt kommt von außen, er drängt herein, und nicht alles, was hereindrängt, ist gut und wünschenswert. Man braucht Unterscheidungsvermögen, um zu erkennen, was gut und was schlecht ist. Ein Beispiel: Früher gab es kaum Alkohol hier, das Angebot war äußerst gering, also gab es auch keine Probleme damit. Heute ist Alkohol in Hülle und Fülle vorhanden, das verführt natürlich dazu, mehr davon zu sich zu nehmen als einem guttut. Ist das Fortschritt? Niemand sagt, dass Alkohol teuflisch ist, nicht grundsätzlich. Es geht um die richtige Dosierung, man muss lernen damit umzugehen, sich zum sinnvollen Umgang damit erziehen, ja, Selbsterziehung ist das Stichwort. So ist das mit vielen Dingen. Den Menschen beim Umgang mit dem Fortschritt und den Veränderungen, die über sie und ihre Heimat ja teilweise hereinbrechen, beistehen und ihnen helfen, damit zurechtzukommen. Dazu muss man die Menschen verstehen. Und verstehen kann man sie erst, wenn man sie liebt. Und aus der Liebe heraus kann man mit ihnen arbeiten.

„Alter" genannt zu werden,
ist hier eine Ehrenbezeugung

Im Kloster sind wir eine Familie. Die Jungen wachsen nach und übernehmen langsam die Aufgaben. Vieles brauche ich selber nicht mehr zu tun, weil es junge Mitbrüder übernehmen. Man wird älter. Da braucht man sich nichts vorwerfen, nichts vorgaukeln. Ich merke, dass es körperlich einfach nicht mehr ganz so gut geht wie früher, die Energie wird weniger, und zum Lesen brauche ich seit einiger Zeit eine Brille. In Europa regiert das Ideal des ewigen Jung-Seins, aber hier in Afrika ist das anders. Hier in Afrika ist ein „Alter" ein „Mse", eine Ehrenperson. In Europa würde es niemanden einfallen, jemanden mit „Alter" anzusprechen, das wäre eine Beleidigung. Hier ist das nicht so, das Wort „Mse" zu gebrauchen ist eine Ehrbezeugung, einfach, weil die Alten in Ehren gehalten werden. Ihre Erfahrung, ihre Lebenserfahrung wird geschätzt, die Jungen wissen, dass die Alten ihnen etwas voraus haben. Älterwerden gilt hier nicht als Schande. Die Kraft mag nachlassen im Alter, zum alten Eisen gehört man deswegen aber noch lange nicht. Man wächst in eine neue Position, und darin ist man nicht weniger wichtig, man ist und bleibt ein Teil der Gesellschaft.

Im Kloster, in St. Ottilien, in Tigoni oder in Illeret, haben wir unseren festen Tagesablauf von Beten, Essen und Arbeiten. Das gibt die Ruhe, und die Ruhe gibt dir die Kraft für neue Abenteuer, von dort aus kann man sich auch wieder in den oftmals aufreibenden Alltag des Missionslebens stürzen. Dieses Leben kann oft keinen geregelten Ablauf haben, manche Tage beginnen in der Früh um vier, weil eine Fahrt zu unternehmen ist, in sengender Sonne, in Staub, mit Pannen und sonstigen Komplikationen, dann ist man bis Mitternacht unterwegs oder länger – ich habe mich selbst schon oft gefragt, wie schaffe ich das eigentlich alles? Es geht einfach, auch ohne Training im Fitnessstudio, die Kraft ist da, sie kommt aus dem Gebet, der Ruhe im Gebet, das ist ihr Ursprung. Man muss sie nur wirken lassen und kann immer darauf zurückgreifen.

Älterwerden ist eine Frage der Zeit und die Aufgaben ändern sich mit der Zeit. Im Vergleich zu meinen jungen Mitbrüdern kann ich mich noch immer sehen lassen, aber ich sehe auch bei mir, dass meine Aufgabe nicht mehr nur ist, alles selber zu machen, sondern andere anzulernen, andere hineinzubringen in ihre Aufgaben. Dass sie Dinge übernehmen und selbstständig weiterführen und ich nur eine Art Weiser, Berater bin, der mit seiner Erfahrung sagen kann: So kann es gehen, versucht es auf diese Weise. Was nicht bedeuten soll, dass ich die Weisheit mit Löffeln gefressen hätte. Man muss immer offen bleiben – auch für die Erfahrung der Jungen.

In ruhigen Momenten lehne ich mich auch gern zurück, gerade am Abend gehe ich spazieren da draußen und schaue mir aus der Ferne an, was schon getan ist, was noch getan werden könnte. Noch immer habe ich hunderte von Plänen im Kopf – die werde ich wohl kaum alle realisieren können. Wenn ich etwas Neues anfange, sind die Leute oft verblüfft, weil jedes Mal etwas daraus wird, weil es immer funktioniert. Das liegt daran, dass ich den Plan schon lange im Kopf hatte, möglicherweise schon über mehrere Jahre daran getüftelt habe.

Die Natur lässt sich nicht besiegen, man kann sich ihr nur anpassen

Das härteste Regiment führt hier die Natur, und man muss selbst hart sein um zu überleben. Dieser ewige Kampf verführt einen manchmal dazu zu glauben, man müsse die Natur besiegen. Das ist falsch, denn es kann nicht gelingen. Man muss sich der Natur anpassen, im Einklang mit ihr leben. Genauso ist es mit den Menschen – sie sind wie sie sind, und wenn man sie zu etwas Neuem führen will, kann man sie nur da abholen, wo sie stehen. Das geht nur aus dem tiefen Glauben heraus. Wenn man all das Elend hier sieht, die Härte, die die Natur trotz all ihrer Herrlichkeit den Menschen, allen Lebewesen hier antut, und auch die Härte, mit der sich die Menschen hier gegenseitig behandeln, dann kommt man oft an den Punkt, an dem man aufgeben will, jede Überzeugung verliert, dass sich doch etwas ändern lässt, dass es sinnvoll ist, jeden noch so kleinen Schritt zu tun. Aufgeben hieße womöglich aber, alles zunichte machen, was man erreicht hat. Deshalb macht man weiter. Bleibt da, bei den Menschen, mit ihnen. Nur dann kann man Veränderungen erreichen.

Die Menschen ändern sich, das ist sichtbar, das ist spürbar, aber sie ändern sich sehr langsam. Die Kraft, diese Langsamkeit zu tragen, sich auch über kleinste Fortschritte zu freuen, sie zur Kenntnis zu nehmen, diese Kraft kann nur aus dem Gebet kommen, aus dem persönlichen Kontakt zu Gott. Denn er ist der Herr über alles, über die Natur, über die Menschen. Er hat das alles erschaffen und uns den Auftrag gegeben, seine Schöpfung weiterzuführen, hat uns zu Herren der Schöpfung gemacht, in seiner Nachfolge, aber das heißt nicht, dass wir über die Schöpfung herrschen sollen. Gemäß der Schöpfungsgeschichte, in der geschrieben steht: „... und am Ende des Tages sah Gott, dass es gut war". In diesem Sinn müssen wir schauen, was ist gut, was kann besser gemacht werden? Aber wir können nur das verbessern, was in unserer Macht steht. Und diese Macht besitzen wir nur, weil Gott uns die Freiheit gegeben hat, sein Werk weiterzuführen, in seinem Sinne und mit der Kraft, die er uns geschenkt hat. Vorausplanen, das tun nur wir Menschen, Tiere planen nicht. Gott hat uns nach seinem Ebenbild geschaffen, er hat uns Kraft gegeben nach seinem Ebenbild, die Kraft, Altes zu verbessern, Neues zu schaffen, damit wir sehen können, „dass es gut wird". Selbst, wenn es langsam geht, das macht nichts, wir können nicht alles heute schaffen, wir sind nur ein kleines Glied in einer langen Kette von denen, die vor uns kamen und denen, die nach uns kommen und unser Werk fortführen werden. Schritt für Schritt das machen, was man kann. Und das, was man selbst nicht mehr kann, anderen überlassen.

Ein Gespräch im Familienkreis

Ein Gespräch mit Mutter, Vater und den Geschwistern Elisabeth, Gisela, Benedikta und Wolfgang anlässlich eines Urlaubs von Pater Florian zu Hause am Starnberger See: Wenn der Zweitälteste wieder einmal im Lande ist, alle drei bis vier Jahre, lassen es sich seine Geschwister nicht nehmen ihn zu treffen. Es dauert nicht lange, und schon nach kurzer Zeit sind sie wieder so miteinander verbunden, wie sie es in ihrer Kindheit waren. Das Gespräch mag einen Einblick vermitteln, wie wichtig der Zusammenhalt der Familie und ihre Unterstützung für den von Gott Berufenen sein kann.

Wie war es für die Geschwister, dass sich ihr Bruder Franz-Josef so früh für den Beruf des Priesters entschieden hat?

Wolfgang: Unser Bruder ist unser Bruder, ein „normaler" Bruder. Und doch ist er anders, weil er ein Priester ist.

Elisabeth: Ja, nicht nur das. Ich würde sagen, jeder von uns ist anders, hat einen eigenen Charakter.

Mutter: Was soll ich da noch sagen? Ich habe eben lauter Individualisten herangezogen.

Gisela: Ich finde es schön, dass unser Bruder einen anderen Weg eingeschlagen hat. Wir treffen uns ja nun nicht allzu häufig, aber wenn man sich wieder sieht, ist es immer wieder schön, diese Grund-Geschwister-Ähnlichkeit zu spüren. Dieses tiefe Verständnis zwischen uns ist eigentlich nach fünf Minuten wieder da. Es ist ein Grinsen, ein Sich-Anschauen und man weiß ziemlich genau, wie der andere denkt, und über was er lacht. Es ist keine Entfremdung da, Gott sei Dank!

Wolfgang: Das geht sogar auf die nächste Generation. Meine drei Buben sind immer unglaublich aufgeregt, wenn der Onkel Pater Florian kommt, lassen alles stehen und liegen. Eine tiefe Bindung ist spürbar, aber nicht nur, weil er mein Bruder und ihr Onkel ist, sondern weil er eine Persönlichkeit ist.

Benedikta: Auch für seine anderen Neffen und Nichten ist er mehr als das …

Elisabeth: Es war nichts Unnormales.

Benedikta: Für mich gehörte das immer dazu.

Gisela: Wir sind miteinander groß geworden, und Franz-Josef hat schon immer seinen eigenen Kopf gehabt, ob es nun um seinen Märklin-Baukasten und die Erweiterung der Bauvorhaben über das ganze Haus ging, seine chemischen und sonstigen Versuche oder seine frühen, sehr eigenwilligen Reisen – er ist immer seinen Weg gegangen, und für mich war das selbstverständlich.

Eine frühe Entscheidung – auch gegen Reichtum und Besitz?

Mutter: Unser Sohn Christoph hatte mal die Schirmherrschaft über einen Mahlwettbewerb in einer Münchner Schule. Bei einem Besuch in der Schule wurde er von den Kindern gefragt, ob er reich wäre. Er antwortete darauf: „Was ist Reichtum? Reichtum ist nicht viel Geld oder Besitz zu haben und ständig in der Angst leben zu müssen das einem der Besitz genommen wird, sondern Reichtum ist wenn man viele Freunde hat, die Geborgenheit in der Familie und die Achtung durch die Menschen – das ist Reichtum."

Wolfgang: Wir haben das Glück, aus einer Familie zu kommen, in der auch die vorangegangenen Generationen zur Frage von Reichtum und Besitz ein ganz normales Verhältnis haben, die weder das Bedürfnis haben damit zu protzen noch ihn zur Schau zu stellen. Eigentum zu besitzen bedeutet immer auch Verantwortung dafür, im Bewusstsein zu leben, dass man selbst sich nicht gehört, dass man Eigentum Gottes ist. Und in dieser Eigenschaft hat man eine Verantwortung mitbekommen für die Bestandteile der Schöpfung, die des Schutzes bedürfen. Insofern kann ich keinen Gegensatz sehen zwischen einem religiös geprägtem Leben und einem Bewusstsein für Eigentum und Besitzdenken. Wenn auch mein Bruder diesen Weg konsequenter leben mag, als beispielsweise ich es tue.

Pater Florian: Dazu möchte ich gerne etwas hinzufügen. Als Benediktiner verfolgen wir ja nicht das Ideal der Armut, sondern das der Einfachheit, des einfachen Lebens. Wir legen kein Armuts-Gelübde ab, wir haben keine Armut, Benediktiner sind meistens reich – als Kloster, wohlgemerkt, nicht der einzelne Mönch. Auch hier geht es um die Verantwortung, die mit dem Besitztum einhergeht, genau wie in einer traditionellen Familie. Es ist ein Erbe, das weitergegeben wird, so ist es vorgesehen, dessen Verwalter jeweils die Generation bzw. das Kloster ist.

Mutter: Ich erinnere mich an eine kleine Episode, da warst du ungefähr 15 Jahre alt und an der Internationalen Schule. Du kamst nach Hause und sagtest: „Da werde ich nie einen Freund finden". Weißt du noch?

Pater Florian: Ja, und das bezog sich speziell auf diese Schule. Da waren lauter Kinder aus neureichen Familien. Mit denen bin ich nicht warm geworden.

Gisela: Wir hingegen sind als Kinder nicht besonders verwöhnt worden. Verwöhnt von der Natur vielleicht, wir waren viel draußen in der Natur, mit den Fahrrädern unterwegs, hatten Tiere, Spielsachen und das, was heute mit dem Begriff „Unterhaltungsmedien" bezeichnet wird, hatten wir kaum.

Elisabeth: Ich möchte schon sagen, dass wir in einem Bereich wirklich sehr verwöhnt wurden. Das war die Geborgenheit in der Familie.

Pater Florian: Und dazu das Leben im Haus, ständig kamen ja irgendwelche Freunde oder Bekannte zu Besuch. Das allein war eine große Bereicherung.

Elisabeth: Ja, ein sehr großer Freundes- und Bekanntenkreis, sie alle sind immer gerne gekommen, weil auch sie diese Geborgenheit gespürt haben.

Benedikta: Nicht wenige von ihnen sind so etwas wie ein Teil der Familie geworden, sind es immer noch, so intensiv war unser Familienleben. Selbst wenn man sich zehn Jahre nicht mehr gesehen hat, fällt man sich in die Arme und es ist wieder wie damals, als man noch im Jugendalter war.

Pater Florian: Die Freunde haben gesagt, ihr habt ein „Gummihaus", darin ist immer Platz für noch einen.

Gisela: Ja, ein wunderbares „Gummihaus", wunderbar flexible Eltern auch. Welche Mutter ist schon fähig, sich innerhalb von fünf Minuten auf eine ganze Gesellschaft einzustellen? Ein Anruf, es kündigt sich jemand an, der mit dem Auto aus München kommt, es stellt sich heraus, das Auto ist voll besetzt, und aus dem einen Auto werden dann drei, vier oder fünf Autos ...

Elisabeth: Ja, der Tisch war immer für alle gedeckt, die da kamen, selbst wenn es plötzlich 20 oder 25 Personen waren, es gab immer genug für alle. Eine große Kunst.

Benedikta: Ich glaube, auf diese Weise haben wir es als Kinder schon erlebt, dass man nicht viel braucht, um gut zu leben, um Freunde zu haben, mit ihnen das Leben zu genießen und gute Gespräche zu führen. Man musste ja noch nicht einmal viel bieten, Schwarzbrot mit Butter und Salz, in Stücke geschnitten, das reichte ja schon, die Leute waren hochzufrieden.

Was, glauben Sie, könnte den Bruder bewogen haben, sich für das Kloster zu entscheiden, Missionar zu werden?

Gisela: Berufung.

Mutter: Wir hatten eine Kinderbibel, von den Kindern allseits geliebt. Lange Zeit haben sie ihr religiöses Wissen aus ihr geschöpft, neben ihrer christlichen Erziehung. Es gab auch eine Art Kinderrunde, in der sie sich – nach Kinderart – über religiöse Themen ausgetauscht haben. Viele Berufungen erwachsen aus dem christlichen Glauben. Gott beruft. Und als Familie hat man die Aufgabe, diese Berufung zu stützen. Dass es Franz-Josefs Ziel war Mönch zu werden, stimmt nicht ganz. Ursprünglich wollte er nur Priester werden. Sein Werdegang hat sich eben etwas anders gestaltet.

Wolfgang: Ich sehe das nicht so sehr als eine rein persönliche Entscheidung, sondern als Berufung. Diese Berufung als solche zu erkennen und die Kraft zu haben ihr zu folgen, das ist ein Verdienst, sein Verdienst.

Benedikta: Sein Verdienst, aber sicherlich auch der Verdienst der Eltern, die immer offen waren dafür. Ich denke, das wird es heutzutage des öfteren geben, dass ein junger Mann etwas in sich spürt, das man „Berufung" nennt, sich aber nicht traut, ihr zu folgen, weil es gesellschaftlich nicht akzeptiert wird, er auf Mauern stößt. Zu unserer Mutter, das weiß ich noch, haben damals viele Leute gesagt, „Ja, wie ist das, einen Sohn, dazu noch den Ältesten, an die Kirche zu verlieren?"

Elisabeth: Und waren verwundert, dass sie es ihrem Sohn nicht auszureden versuchte ….

Benedikta: Sogar in katholischen Familien kommt das vor, dass sie mit einem solchen Schritt eigentlich nicht oder nur schwer zurechtkommen, wenn der Sohn der Berufung folgt.

Gisela: Von einem „Verlust für die Mädchen" war unter anderem die Rede.

Wolfgang: Ach so, er hat ja immer tausend Freundinnen gehabt.

Gisela: Er hat sie ja nicht gehabt.

Benedikta: Er hatte viele Verehrerinnen, sagen wir so.

Gisela: Und getanzt hat er immer gern.

Wolfgang: Er tanzt ja auch heute noch sehr gern, das ist sehr lustig anzuschauen, wenn er mit seiner Kutte Rock'n'Roll tanzt ...

Mutter: Ja, getanzt hat er für sein Leben gern, und ist auch auf Feste gegangen. Ich kann mich erinnern, dass er als Vierzehnjähriger einen echten Schwarm gehabt hat, ein Mädchen aus Südamerika. Sie konnte in den Ferien nicht nach Hause fahren, und er hat sie für einen Teil der Ferien zu uns mitgebracht. Sie war ein richtiger Draufgänger, ist gerne geritten, war immer lustig. Franz-Josef hat für sie richtig geschwärmt. Dann war er plötzlich verzweifelt darüber, er sagte, ich will doch Priester werden, da kann ich mich doch nicht so gut unterhalten mit einem Mädchen. Dann habe ich mit ihm darüber gesprochen und gemeint: Nur, weil du dir auch Mädchen anschaust, heißt das ja nicht, dass du gleich mit ihr herumknutschen musst. Nein, hat er gesagt, es sei halt lustig mit ihr, und darin habe ich ihn bestätigt, ja, es ist lustig mit ihr, ihr reitet zusammen, helft bei der Heuernte, macht allen möglichen Blödsinn, sie ist ein guter Kamerad, es ist doch nichts dabei. Von anderen Eltern bin ich oft hinter vorgehaltener Hand im Bezug auf seine Berufung gefragt worden: „Wisst's ihr davon?", als ob er je einen Hehl daraus gemacht hätte. Und wenn ich entgegnet habe, „Ja, freilich", dann kam gleich ein „Könnt's ihr ihm den Blödsinn nicht ausreden?" oder: „Geht's ja nicht drauf ein, dann hört er von selber auf damit." Solche Ratschläge habe ich zu hören gekriegt, es war wirklich erstaunlich.

Gisela: Und das aus ausgesprochen katholischen Familien.

Wolfgang: Das ist eigentlich widersinnig, es ist ja eine große Freude. Ich erkläre mir das so, dass es viele Menschen gibt, die stolz auf ihren Katholizismus sind und dann, wenn Gott einen aus der eigenen Familie als einen seiner Mitstreiter beruft, in Abwehrhaltung gehen.

Gisela: Aber das ist das Menschliche, da musst du halt wirklich etwas entbehren.

Mutter: Ja, etwas entbehren, das habe ich dann auch erfahren, merkwürdigerweise erst sehr spät, aber der Begriff ist sehr passend. Franz-Josef hat gefehlt hier im Haus, während der doch recht langen Zeit seines Studiums in Heiligenkreuz, und sei es nur, dass Lampen, alles mögliche an technischem Gerät, nicht mehr funktioniert hat. Das musste dann warten, bis er wieder nach Hause kam, und plötzlich war alles in Ordnung, die Lampen leuchteten wieder, das Werkzeug war gepflegt und aufgeräumt.

Gisela: Noch einmal zurück zum Thema Berufung. Ich glaube, jeder junge Mensch, der religiös aufgewachsen ist, trägt sich irgendwann mal mit der Idee und vielleicht auch dem Wunsch in diese Richtung. Ich kann ja nur von mir selbst reden und kann sagen, es war einmal der Gedanke da, Nonne zu werden. Aber mir wurde recht schnell klar, dass es nur eine Idee war. Ich glaube, der Unterschied zur Berufung ist, dass es eben nicht nur eine Idee ist, die irgendwann mal im Raum steht, es ist mehr wie ein stetes Klopfen, ein Rufen und Gerufen werden. Dem Ruf nachzugehen, sich dem hinzugeben, sich ganz dafür zu entscheiden, darum geht es dann. Vielleicht ist es so wie in einer Ehe, man entscheidet sich für einen Menschen nicht nur im Kopf, sondern auch im Herzen. Dann stehst du da und denkst dir: Ist es jetzt wirklich dieser Partner, mit dem du dein ganzes Leben teilen möchtest?

Elisabeth: Man muss auch immer daran arbeiten, sonst funktioniert das nicht. Ich glaube, es gibt auch Berufungen in anderen Bereichen, nicht nur im Religiösen. Wenn jemand sagt, ich will Kinder unterrichten, ich will alte Menschen pflegen, muss auch eine Berufung dahinter sein. Das kann nicht jeder. Auch eine solche Berufung, egal, in welche Richtung sie geht, zu erkennen, wie Wolfgang gesagt hat, das ist sicher die größte Schwierigkeit für einen jungen Menschen. Wenn dieser junge Mensch das schon früh erkennt und sich darüber hinaus der nötigen Unterstützung sicher sein kann, ist es natürlich etwas Großartiges.

Pater Florian: Berufung ist ein Weg. Keine Paulus-Berufung, ein Ruf und dann weiß man's, sondern es ist ein Hineinwachsen. Berufung ist ein Weg, ein Hineinwachsen. Eine Berufungserlebnis wie bei Paulus, der von der einen Sekunde auf die andere wusste, was für ihn bestimmt ist – das ist außergewöhnlich.

Mutter: Es gibt sicher auch heute noch Paulus-Berufungen.

Pater Florian: Aber bei mir war's sicher keine Paulus-Berufung, bei mir war's ein ganz langsamer, aber stetiger Weg. Und den muss man erst finden, langsam, langsam. Meine Berufung war ja im Ursprung nicht zum Benediktiner, sondern zum Missionar, Priester und Missionar. Dass es der Benediktinerorden sein sollte, wurde ja erst allmählich über die Schule klar. Ganz bewusst wurde die Berufung zum Benediktiner mir erst später, eigentlich erst im Studium in Heiligenkreuz. Entschieden hatte ich mich schon vorher, aber erst in Heiligenkreuz wurde mir so richtig bewusst, was das für mich bedeutet, das Geborgensein in der Ordensfamilie, auf der anderen Seite das Hinausgehen in die Welt.

Mutter: Ich sehe da einen ganz engen Zusammenhang zwischen dem Mangel an Priestern, der heutzutage herrscht, und den hohen Scheidungsraten. Viele junge Leute haben nicht mehr den Mut und die Standfestigkeit, sich für ein ganzes Leben zu entscheiden, und darum geht es ja, bei dem einen wie bei dem anderen. Priesteramt oder Ehe, das ist eine Entscheidung, die das ganze Leben erneuert werden muss, immer wieder.

Benedikta: Ich würde sogar noch viel weiter gehen. Das Wort „Beruf", das von „Berufung" kommt, das bezieht sich ja im Grunde auf das ganze Leben, die Frage, die im Hintergrund steht, ist doch „Wozu bin ich in meinem Leben berufen?", wenn nicht gar „Wozu lebe ich mein Leben, wozu hat Gott es mir geschenkt?". Für jeden, egal, welcher Religion, kann ein Leben wirklich nur sinnvoll sein, wenn er sich diese Frage immer wieder stellt, wozu bin ich berufen, wozu lebe ich überhaupt? Es ist die Frage nach dem Sinn, die jeden betrifft, egal ob Schauspieler, Zuckerbäcker oder eben Missionar – jeder hat seine Berufung und muss immer wieder dieser Berufung nachhören und nachgehen.

Elisabeth: Die materielle Seite dabei erst einmal in den Hintergrund zu stellen, ist dabei natürlich ein Problem, gerade heutzutage. Viele junge Leute entscheiden sich für einen Beruf, für ein Studium, weil sie glauben, damit Geld verdienen zu können, Sicherheit zu haben. Das kann in meinen Augen nicht gut gehen, weil auf diese Weise die eigene Berufung, zu was auch immer, unterdrückt wird. Nur nach dem Geld zu gehen, nach der Sicherheit, führt dadurch oft in die Krise, weil sie irgendwann merken, dass sie eben nicht den richtigen Beruf für sich gewählt haben, unglücklich sind, nicht mehr wissen, wohin sie gehören. Dann sind sie gezwungen, sich neu zu orientieren, sich abzugrenzen von den Wünschen und Absichten der Eltern, von denen sie vielleicht gedrängt wurden in einen bestimmten Beruf, der ihnen nicht entsprochen hat, das ist heute nicht anders als früher, das darf man nicht unterschätzen. Ich bin froh, dass unsere Eltern uns das alles freigegeben haben. Egal, was ihr wollt, haben sie gesagt, ihr sollt Freude an euren Berufen, an eurem Leben haben. Denn nur in einem Beruf, in einer Tätigkeit, in der man Freude hat, kann man gut sein.

Mutter: Ich glaube, dazu, der Berufung nachzugehen, vor allem, wenn es auf das Missionsleben hinausläuft, gehört auch eine Portion Abenteuerlust, aber die muss einem der liebe Gott schon mitgegeben haben. Ich habe das Gefühl, der liebe Gott bereitet seine Kinder darauf vor, er gibt ihnen das, was sie brauchen, mit in die Wiege, und dann ruft er sie.

Wolfgang: Ich möchte mal beschreiben, wie ich mir das vorstelle, in einem technischen, weltlichen Bild: Wir alle sind wie kleine Zahnrädchen im großen Werk der Schöpfung, und jedes dieser Zahnrädchen hat seine Funktion und seine Aufgabenstellung, um das zu erfüllen, wozu es berufen, wozu es an diese Stelle gesetzt worden ist. Wir Menschen sind nun aber nicht willenlos, sondern wir sind ausgestattet mit einem freien Willen und der Möglichkeit, uns selbst entscheiden zu können, dieses oder jenes zu tun. So können wir uns genauso dafür entscheiden, uns genau anders herum zu drehen als das ganze übrige Werk. Das führt zu großen Konflikten, bringt vielleicht sogar alles zum Erliegen, es ist aber unsere Freiheit. Und die große Kunst ist eben, sich in diesem ganzen Werk so zurechtzufinden, dass man sich genau an der Stelle in die Richtung dreht, damit sich das Ganze positiv weiterentwickelt.

Pater Florian: So gesehen, ist es ein sehr elastisches Getriebe, kein automatisches, denn sonst könnte sich ja kein Zahnrädchen auch mal anders drehen. Gott kennt die Fehler und Schwächen der Menschen, und darin wird Seine Stärke sichtbar ...

Elisabeth: ... und aus Fehlern lernt man, und deshalb werden jedem Menschen seine Fehler vergeben, wenn er nur etwas Positives daraus macht.

Die Lese-Rechtschreib-Schwäche von Florian und die Entscheidung, seiner Berufung nachzugehen, könnte das etwas miteinander zu tun gehabt haben?

Mutter: Unwahrscheinlich. Schließlich ist er nicht das einzige unserer Kinder, das Legastheniker ist, und die sind nicht alle ins Kloster gegangen. Franz-Josef war der „Superlegastheniker" unter ihnen, und in der Grundschule konnte niemand damit umgehen. Als dann die Diagnose „Legasthenie" feststand, wurde mir klar, dass ich als Kind die gleiche Veranlagung gehabt habe. Nur durch Fleiß habe ich das einigermaßen in den Griff kriegen können, habe stundenlang die Buchstaben in die richtige Richtung geschrieben. Meinen Kindern aber konnte ich bei den Schulaufgaben nicht helfen. Elisabeth hatte dasselbe Problem, hat sich mit Auswendiglernen durchgemogelt, erst im vierten Schuljahr ist das aufgefallen.

Gisela: Eins meiner Kinder hat die Veranlagung geerbt, und als Mutter steht man sozusagen „zwischen Baum und Borke", zwischen dem Schulsystem, das unerbittlich mit der Schwäche des Kindes umgeht und es zu zermalmen droht, und dem Kind, das schrecklich leidet für etwas, das es ja nicht selbst verschuldet hat. Ich habe mir an unserer Mutter ein Beispiel genommen, habe mich hinter mein Kind gestellt, komme, was da wolle, ich war entschlossen, ich krieg das Kind da durch, ich werde nicht aufgeben und gegen das System angehen. Nun ist der Bub da, wo alle anderen Schüler auch sind. Es ging also doch!

Benedikta: Das ist, so schwer es auch ist für das Kind, sicher auch eine prägende Erfahrung. Es sieht früh, was wirklich wichtig ist im Leben, eher, als ein Kind, das alles bekommt, dem immer der Tisch gedeckt wird, das die Schule ohne Schwierigkeiten durchläuft.

Gisela: Ja, es ist so eine Art Lebensschule. Ein Kind gewinnt an Stärke, wenn es sich von klein auf alles dreimal so schwer erarbeiten muss wie die anderen. Aber umso lebensfähiger wird es, weil es einfach gewöhnt ist, dass es das Dreifache kostet.

Benedikta: Womit wir ja wieder bei der Frage wären, was Leben überhaupt ist. Wenn immer alles da ist, ohne dass man es sich erarbeiten muss ... . Ich glaube, dass man in der Kindheit nicht umsonst um etwas kämpfen muss und geprüft wird. Dadurch kommt man sehr früh auf die wichtigen Fragen, macht sich Gedanken darüber, was einem Sicherheit gibt, woraus man Hoffnung schöpft, wohin man gehen will. Man hört vielleicht eher auf seine Berufung und geht ihr nach, wenn man so früh darauf gestoßen wird.

Elisabeth: Florian hat ja auch seine Richtung gewusst und trotz aller Schwierigkeiten sein Studium geschafft. Das ist etwas, das man sehr oft bei Legasthenikern merkt – wenn sie erst einmal auf ihrer Richtung sind, ist das Lernen nicht mehr das große Hindernis.

Vater: Er war selten eine Leuchte in der Schule, aber im Studium, daran erinnere ich mich gut, hat er so manche Prüfung bestanden, durch die andere, die eigentlich besser waren, durchgefallen sind. Das hat ihm oft Auftrieb gegeben.

Pater Florian: In meiner Studienzeit gab es eine Prüfung, das weiß ich noch genau, in der hab ich als einziger ein „sehr gut" bekommen, dabei hatte ich nicht besonders viel gesagt. Der Professor meinte: „Er hat wenig gesagt, aber den Punkt getroffen." Allzu wichtig aber habe ich das Studium nicht genommen, es war ja ein Zwischenschritt auf dem Weg, nicht das Ziel.

Wolfgang: Darum geht es, dem eigentlichen Ziel näher zu kommen. Noten spielen gar nicht so eine große Rolle, wie ihnen immer beigemessen wird, sie sind ja eine abstrakte Sache. Um einen bestimmten Beruf ausüben zu können, sind eben zuerst einmal Voraussetzungen zu erfüllen,

Prüfungen abzulegen, Leistungen zu erbringen. Manchmal fällt es nicht leicht, diesen Bedingungen nachzukommen, aber wenn man sein Ziel fest im Blick hat, lohnt sich diese Anstrengung, weil man dem Ziel näher kommt.

Pater Florian: Irgendein Ziel ist immer da, auf das ich hinarbeite. Und oft ist es sehr weit vorn gesteckt, damit sich lange darauf hinarbeiten lässt. Ein Ziel darf nicht dort sein, wo man es erreichen kann, sondern so weit gesteckt sein, dass man eigentlich ein ganzes Leben zu tun hat, bis man hinkommt.

Gisela: Darum beneide ich dich, dass du ein Ziel verfolgst, das idealistisch ist, und nicht materialistisch, davon konntest du dich am besten von uns allen abkoppeln. Wir haben zwar auch Ziele, unseren Beruf, die Kinder, die Familie, eine Tradition, einen Besitz und was immer, das bringt es aber mit sich, dass wir eher im materialistischen Denken verhaftet sind, notgedrungen. Bei dir ist es, so denke ich, nicht so lebens-, nicht so existenzbestimmend wie bei uns.

Pater Florian: Ich kann mich noch erinnern, wie ich auf einem meiner ersten Heimaturlaube unsere Mutter beim Einkaufen begleitet habe. Ich schob den Einkaufswagen durch die Gänge und sah diese vielen Sachen, Werkzeuge, was weiß ich nicht alles. Ich dachte mir, naja, es wäre schön, das alles zu haben – aber braucht man das? Wir machen in Kenia die ganze Arbeit auch ohne das alles, und es geht genauso gut. Man kann ohne das alles auskommen.

Elisabeth: Ein Unterschied ist, wenn ich da einhaken darf, dass wir, die eben Kinder haben, denen wir eine gute Schul- und Berufsausbildung ermöglichen wollen, viel mehr gezwungen sind, materiell zu denken. Wenn man keine Kinder hat, tut man sich leichter. Das ist sicherlich ein Vorteil, den du hast, denn für sich selber bräuchte man viel, viel weniger.

Pater Florian: Das ist klar, keine Frage. Aber es geht um das Gleichgewicht zwischen beidem, in der Familie wie im Kloster, das Materielle ist nunmal notwendige Ausgangsbasis für das Leben. Es gibt kein Rezept für den Umgang damit, man kann sich nur immer selbst prüfen, was und wie viel man tatsächlich braucht.

Gisela: Es kommt sicher drauf an, wo man sich befindet, ob hier in Deutschland oder unten in Kenia.

Pater Florian: Das stimmt nicht ganz. Es ist in Afrika nur ein anderes Niveau. Der Drang, mehr zu haben, das und jenes zu wollen, ist genauso auch dort vorhanden. Wenn die mich mit einem neuen T-Shirt sehen, dann wollen die auch ein neues haben. Das ist genauso wie hier in der Gesellschaft: Wenn ein Kind in der Klasse ein Handy hat, dann wollen alle eins haben.

Wolfgang: Fällt es jemanden, der im Kloster lebt, in dem der ganze Tagesablauf durch die Gemeinschaft schon vorgegeben ist, nicht leichter, die Disziplin einzuhalten, weil er sich an den Mitbrüdern orientieren kann?

Pater Florian: Ja, da hab ich es in einer gewissen Weise leichter, weil ich eine sehr starke Schlüsselposition habe. Das Verlangen kommt von unten her, von den einfachen Leuten, das und jenes haben zu wollen. Ich habe die Möglichkeit, der Provider, der reiche Onkel zu sein. Mir obliegt die Entscheidung, ob ich etwas gebe und wie viel. Man muss aber nach seinen Maßgaben auch selbst leben, sonst ist es unglaubwürdig, würde nicht akzeptiert. Auch im Kloster als Prior in Tigoni war ich jemand, der natürlich eine sehr viel dominantere Position hatte und das sehr viel bewusster leben musste, diese Entscheidung, was brauche ich, was ist meine persönliche Lebensweise, was brauchen wir, und: Was eben brauchen wir nicht? Genauso in der Mission: Wenn ich mir jedes Jahr ein neues Auto leisten würde, könnte ich das verantworten, denn bei den miserablen Straßenverhältnissen, die wir da haben, wäre es nach ein bis zwei Jahren hin. Ich habe als Prior eine Schlüsselposition, so wie der Vater innerhalb der Familie.

Lebensdaten

Geboren am 21. September 1957

1964–1974: Schulzeit über viele Stationen – Grundschule in Leutstetten, Schule auf Gut Rieden in Starnberg, Vorbereitungskurs auf das Gymnasium in Dillingen, Munich International School auf Gut Rieden und schließlich der Schule in Percha. Ende der Schulzeit mit dem Qualifizierten Hauptschulabschluss 1974

1974/75: Weiterführende Bildung auf der Berufsfachschule in Starnberg; Abschluss mit der mittleren Reife

1976/77: Ausbildung zum Erzieher in Weilheim an der Fachoberschule im sozialen Bereich, 1977 abgebrochen

Priesterausbildung, erste Schritte in Afrika

1978: Beginn der fünfjährigen Priesterausbildung im Zisterzienserkloster Heiligenkreuz bei Wien; erster Besuch in Kenia für vier Wochen in North Horr mit Pater Johannes

1981: Zweiter Besuch in Kenia, vier Wochen Aufenthalt

1982/83: Einjähriges Noviziat in St. Ottilien

September 1983: Einfache Profess

Afrika, Ordensprofess und Priesterweihe

1984: Aussendung nach Kenia, eingesetzt in Nairobi, Nanjuki, Keriotal, Peramioh (Tansania)

Ende 1984: Kurzer Aufenthalt in Deutschland, danach fest in der Missionsstation im Kerio-Tal eingesetzt

15. September 1986: Ewige Profess

16. September 1986: Diakonatweihe

21. Dezember 1986: Priesterweihe St. Ottilien

Anfang 1987: zurück nach Kenia – pastorale Tätigkeit in Pfarrei in Nairobi

Anfang 1988: Tätigkeit in der Missionsstation in Jesen (Hochland Kerio-Tal)

Herbst 1988 bis 1997: Einsatz als Seelsorger und Gemeindeleiter im Tal Aror

1997–2000: Tätigkeit in der Missionsstation in Tigoni – zuständig für technische Einkäufe, Reparaturen, Ausbildung zum Novizen; Leiter der Landwirtschaft

2000: Als Hauslehrer in Nairobi Zentrum

2001: Sabbat-Jahr, Aufenthalte u.a. in St. Ottilien sowie in Klöstern in Belgien und Togo

September 2001: zurück nach Kenia, im Dezember erster Aufenthalt in Illeret

Ab Ostern 2002: Fest in Illeret stationiert (alleine), Fußfassen, erster Aufbau der Station

2003: Mitbrüder kommen in der Station in Illeret dazu

2006–2008: Prior in Tigoni

seit Anfang 2009 wieder in Illeret

Wie man die Arbeit von Pater Florian unterstützen kann.

Spenden erreichen Pater Florian und die Menschen in Illeret über die folgende Bankverbindung:

Kontoinhaber: Missionsprokura St. Ottilien
Kennwort: Pater Florian OSB 178
Bank: Sparkasse Landsberg
Konto: 14 654
BLZ: 700 520 60

Ein angesehener Islamexperte erzählt

208 Seiten | Gebunden
mit Schutzumschlag
ISBN 978-3-451-34883-9

Paul Hinder ist bekannt als der »Bischof von Arabien«. In Abu Dhabi, seinem Bischofssitz, hat er Erfahrungen gemacht, die Antworten geben auf die Frage, wie der Dialog mit dem Islam gelingen kann. Hinder schildert die Situation der Christen am Golf und beschönigt nicht, sondern liefert ehrliche Einblicke in eine Welt, die für Christen nicht immer einfach ist. Authentisch erzählt und spannend geschrieben.

In jeder Buchhandlung!

HERDER   www.herder.de

Die faszinierende Geschichte einer Jahrhundertfrau

256 Seiten | Kartoniert
ISBN 978-3-451-06795-2

Jenseits des Banalen – das wirkliche Leben erfahren: Ruth Pfau lebt so, seit über 50 Jahren, in einer der gefährlichsten Regionen der Welt. Die deutsche Ärztin, Nonne und Powerfrau hat die Lepra in Pakistan besiegt und weist heute in einer von Gewalt bestimmten Gesellschaft einen Weg zum Frieden und zum Dialog der Religionen. Mit 85 bricht sie noch einmal neu auf, um etwas für die Menschen zu tun.

In jeder Buchhandlung!

HERDER

www.herder.de

Hoffnung, wo es scheinbar keine Hoffnung mehr gibt

192 Seiten | Klappenbroschur
ISBN 978-3-451-37863-8

Aleppo ist das Sinnbild schlechthin für den Syrienkrieg. Der Franziskanerpater Ibrahim Alsabagh hat sich von Rom nach Aleppo versetzen lassen, um den Menschen vor Ort beizustehen. Die Berichte aus seinem Alltag und seine Briefe erschüttern und geben einen unvermittelten Blick mitten ins Leiden. Zugleich sind sie ein starkes Plädoyer für Frieden und gegen den Hass. Ein Hass, gegen den Pater Ibrahim ankämpft, mit seinem festen Glauben und Einsatz für Versöhnung.

In jeder Buchhandlung!

HERDER

www.herder.de

Den fremden und den eigenen Glauben verstehen

256 Seiten | Gebunden
mit Schutzumschlag
ISBN 978-3-451-34845-7

Der Islam gehört zur deutschen Lebenswirklichkeit – das ist weitgehend akzeptiert. Wohl aber gibt es viele Vorbehalte gegen den Islam und gegen Muslime. Hermann-Josef Frisch eröffnet Zugänge zum Koran und zum Islam aus christlicher Sicht. Dieses Buch hilft, vor dem Hintergrund des eigenen, christlichen Glaubens besser zu verstehen, was den Islam so sehr prägt, und entdeckt die vielen Gemeinsamkeiten der beiden Religionen.

In jeder Buchhandlung!

HERDER

www.herder.de